Bundesberggesetz (BbergG)

&
Verordnung über die Umweltverträglichkeitsprüfung bergbaulicher Vorhaben (UVP-V Bergbau)

3. Auflage 2016

Impressum

© MGJV-Verlag, Hans-Much-Weg 14, 20249 Hamburg, Telefon: 040/ 32030589; Bitte wenden Sie sich mit Ihren Anliegen auch auf elektronischem Wege an uns: *MGJV.Verlag@gmail.com*

Inhaltliche Verantwortung und Aktualität: Redaktion MGJV

Satz, Druck und Bindung: Externe Dienstleister; alle Rechte MGJV-Verlag

Umschlaggestaltung: Gustav Broedecker. Alle Rechte MGJV-Verlag

Wir sind bemüht, ein ansprechendes Produkt zu gestalten, dass angemessenen Ansprüchen an das Preis/Leistungsverhältnis und vernünftigen Qualitätserwartungen gerecht wird. Konstruktive Anregungen nutzen wir gerne, um künftige Auflagen zu ergänzen und anzupassen.

- - - - -

Über eine Bewertung bei Amazon oder anderen Distributoren freut sich die Redaktion.Mit Kritik und Verbesserungsvorschlägen für künftige Ausgaben wenden Sie sich auch gerne an MGJV.Verlag@gmail.com

Vielen Dank, Ihre Redaktion MGJV

Inhaltsverzeichnis

Bundesberggesetz (BbergG)

BBergG

Ausfertigungsdatum: 13.08.1980

"Bundesberggesetz vom 13. August 1980 (BGBl. I S. 1310), das zuletzt durch Artikel 303 der Verordnung vom 31. August 2015 (BGBl. I S. 1474) geändert worden ist". Zuletzt geändert durch Art. 303 V v. 31.8.2015 I 1474

Fußnote

(+++ Textnachweis ab: 21.8.1980 +++)
(+++ Maßgaben aufgrund des EinigVtr vgl. BBergG Anhang EV +++)

-

Eingangsformel

Der Bundestag hat mit Zustimmung des Bundesrates das folgende Gesetz beschlossen:

-

Erster Teil
Einleitende Bestimmungen

-

§ 1 Zweck des Gesetzes

Zweck dieses Gesetzes ist es,

1.

zur Sicherung der Rohstoffversorgung das Aufsuchen, Gewinnen und

Aufbereiten von Bodenschätzen unter Berücksichtigung ihrer Standortgebundenheit und des Lagerstättenschutzes bei sparsamem und schonendem Umgang mit Grund und Boden zu ordnen und zu fördern,

2.

die Sicherheit der Betriebe und der Beschäftigten des Bergbaus zu gewährleisten sowie

3.

die Vorsorge gegen Gefahren, die sich aus bergbaulicher Tätigkeit für Leben, Gesundheit und Sachgüter Dritter ergeben, zu verstärken und den Ausgleich unvermeidbarer Schäden zu verbessern.

-

§ 2 Sachlicher und räumlicher Geltungsbereich

(1) Dieses Gesetz gilt für

1.

das Aufsuchen, Gewinnen und Aufbereiten von bergfreien und grundeigenen Bodenschätzen einschließlich des Verladens, Beförderns, Abladens, Lagerns und Ablagerns von Bodenschätzen, Nebengestein und sonstigen Massen, soweit es im unmittelbaren betrieblichen Zusammenhang mit dem Aufsuchen, Gewinnen oder Aufbereiten steht und sich nicht aus Absatz 4 etwas anderes ergibt,

2.

das Wiedernutzbarmachen der Oberfläche während und nach der Aufsuchung, Gewinnung und Aufbereitung von bergfreien und grundeigenen Bodenschätzen,

3.

Betriebsanlagen und Betriebseinrichtungen (Einrichtungen), die überwiegend einer der in den Nummern 1 oder 2 bezeichneten Tätigkeiten dienen oder zu dienen bestimmt sind.

(2) Dieses Gesetz gilt ferner für

1.

das Untersuchen des Untergrundes auf seine Eignung zur Errichtung von Untergrundspeichern,

2.

das Errichten und Betreiben von Untergrundspeichern sowie der Einrichtungen, die überwiegend dem Betrieb eines Untergrundspeichers dienen oder zu dienen bestimmt sind,

3.

sonstige Tätigkeiten und Einrichtungen,

soweit dies ausdrücklich bestimmt ist.

(3) Dieses Gesetz gilt im Bereich des Festlandsockels der Bundesrepublik Deutschland für die durch die Absätze 1 und 2 Nr. 1 und 2 erfaßten Tätigkeiten und Einrichtungen, für Unterwasserkabel, Transit-Rohrleitungen und für

Forschungshandlungen in bezug auf den Festlandsockel. Die völkerrechtlichen Regeln über die Hohe See, die ausschließliche Wirtschaftszone und den Festlandsockel bleiben unberührt.

(4) Dieses Gesetz gilt nicht für das Verladen, Befördern und Abladen von Bodenschätzen, Nebengestein und sonstigen Massen im Sinne des Absatzes 1 Nr. 1

1.

im Schienenverkehr der Eisenbahnen des öffentlichen Verkehrs,

2.

im Kraftfahrzeugverkehr auf öffentlichen Wegen oder Plätzen

3.

im Schiffsverkehr seewärts der Begrenzung des Küstenmeeres und auf Binnen- und Seewasserstraßen und in den Seehäfen,

4.

in Luftfahrzeugen und

5.

in Rohrleitungen ab Übergabestation, Einleitung in Sammelleitungen oder letzter Meßstation für den Ausgang, soweit die Leitungen

a)

unmittelbar und ausschließlich der Abgabe an Dritte oder

b)

an andere Betriebe desselben Unternehmens dienen, die nicht zum Aufsuchen, Gewinnen oder Aufbereiten von bergfreien oder grundeigenen Bodenschätzen bestimmt sind.

-

§ 3 Bergfreie und grundeigene Bodenschätze

(1) Bodenschätze sind mit Ausnahme von Wasser alle mineralischen Rohstoffe in festem oder flüssigem Zustand und Gase, die in natürlichen Ablagerungen oder Ansammlungen (Lagerstätten) in oder auf der Erde, auf dem Meeresgrund, im Meeresuntergrund oder im Meerwasser vorkommen.

(2) Grundeigene Bodenschätze stehen im Eigentum des Grundeigentümers. Auf bergfreie Bodenschätze erstreckt sich das Eigentum an einem Grundstück nicht.

(3) Bergfreie Bodenschätze sind, soweit sich aus aufrechterhaltenen alten Rechten (§§ 149 bis 159) oder aus Absatz 4 nichts anderes ergibt: Actinium und die Actiniden, Aluminium, Antimon, Arsen, Beryllium, Blei, Bor, Caesium, Chrom, Eisen, Francium, Gallium, Germanium, Gold, Hafnium, Indium, Iridium, Kadmium, Kobalt, Kupfer, Lanthan und die Lanthaniden, Lithium, Mangan, Molybdän, Nickel, Niob, Osmium, Palladium, Phosphor, Platin, Polonium, Quecksilber, Radium, Rhenium, Rhodium, Rubidium, Ruthenium, Scandium, Schwefel, Selen, Silber, Strontium, Tantal, Tellur, Thallium, Titan, Vanadium, Wismut, Wolfram, Yttrium, Zink, Zinn, Zirkonium - gediegen und als Erze außer in Raseneisen-, Alaun- und Vitriolerzen -;

Kohlenwasserstoffe nebst den bei ihrer Gewinnung anfallenden Gasen;
Stein- und Braunkohle nebst den im Zusammenhang mit ihrer Gewinnung
auftretenden Gasen; Graphit;
Stein-, Kali-, Magnesia- und Borsalze nebst den mit diesen Salzen in der gleichen
Lagerstätte auftretenden Salzen; Sole;
Flußspat und Schwerspat.
Als bergfreie Bodenschätze gelten:

1.

alle Bodenschätze im Bereich des Festlandsockels und,

2.

soweit sich aus aufrechterhaltenen alten Rechten (§§ 149 bis 159) nichts
anderes ergibt,

a)

alle Bodenschätze im Bereich der Küstengewässer sowie

b)

Erdwärme und die im Zusammenhang mit ihrer Gewinnung auftretenden
anderen Energien (Erdwärme).

(4) Grundeigene Bodenschätze im Sinne dieses Gesetzes sind nur, soweit sich
aus aufrechterhaltenen alten Rechten (§§ 149 bis 159) nichts anderes ergibt:

1.

Basaltlava mit Ausnahme des Säulenbasaltes; Bauxit; Bentonit und andere
montmorillonitreiche Tone; Dachschiefer; Feldspat, Kaolin, Pegmatitsand;
Glimmer; Kieselgur; Quarz und Quarzit, soweit sie sich zur Herstellung von
feuerfesten Erzeugnissen oder Ferrosilizium eignen; Speckstein, Talkum; Ton,
soweit er sich zur Herstellung von feuerfesten, säurefesten oder nicht als
Ziegeleierzeugnisse anzusehenden keramischen Erzeugnissen oder zur
Herstellung von Aluminium eignet; Traß;

2.

alle anderen nicht unter Absatz 3 oder Nummer 1 fallenden Bodenschätze,
soweit sie untertägig aufgesucht oder gewonnen werden.

-

§ 4 Begriffsbestimmungen

(1) Aufsuchen (Aufsuchung) ist die mittelbar oder unmittelbar auf die Entdeckung
oder Feststellung der Ausdehnung von Bodenschätzen gerichtete Tätigkeit mit
Ausnahme

1.

der Tätigkeiten im Rahmen der amtlichen geologischen Landesaufnahme,

2.

der Tätigkeiten, die ausschließlich und unmittelbar Lehr- oder
Unterrichtszwecken dienen und

3.

des Sammelns von Mineralien in Form von Handstücken oder kleinen Proben für mineralogische oder geologische Sammlungen.

Eine großräumige Aufsuchung ist eine mit Hilfe von geophysikalischen oder geochemischen Verfahren durchgeführte Untersuchung, wenn sie auf die Ermittlung von Kennwerten beschränkt ist, die großräumige Rückschlüsse auf das mögliche Vorkommen von Bodenschätzen zulassen.

(2) Gewinnen (Gewinnung) ist das Lösen oder Freisetzen von Bodenschätzen einschließlich der damit zusammenhängenden vorbereitenden, begleitenden und nachfolgenden Tätigkeiten; ausgenommen ist das Lösen oder Freisetzen von Bodenschätzen

1.
in einem Grundstück aus Anlaß oder im Zusammenhang mit dessen baulicher oder sonstiger städtebaulicher Nutzung und

2.
in oder an einem Gewässer als Voraussetzung für dessen Ausbau oder Unterhaltung.

(3) Aufbereiten (Aufbereitung) ist das

1.
Trennen oder Anreichern von Bodenschätzen nach stofflichen Bestandteilen oder geometrischen Abmessungen auf physikalischer oder physikalisch-chemischer Grundlage einschließlich der damit zusammenhängenden vorbereitenden, begleitenden und nachfolgenden Tätigkeiten,

2.
Brikettieren, Verschwelen, Verkoken, Vergasen, Verflüssigen und Verlösen von Bodenschätzen,

wenn der Unternehmer Bodenschätze der aufzubereitenden Art in unmittelbarem betrieblichem Zusammenhang selbst gewinnt oder wenn die Bodenschätze in unmittelbarem räumlichem Zusammenhang mit dem Ort ihrer Gewinnung aufbereitet werden. Eine Aufbereitung liegt nicht vor, wenn eine Tätigkeit im Sinne des Satzes 1 mit einer sonstigen Bearbeitung oder Verarbeitung von Bodenschätzen (Weiterverarbeitung) oder mit der Herstellung anderer Erzeugnisse (Nebengewinnung) durchgeführt wird und das Schwergewicht der Tätigkeit nicht bei der Aufbereitung liegt; die Nutzung von Erdwärme ist einer Weiterverarbeitung gleichzustellen.

(4) Wiedernutzbarmachung ist die ordnungsgemäße Gestaltung der vom Bergbau in Anspruch genommenen Oberfläche unter Beachtung des öffentlichen Interesses.

(5) Unternehmer ist eine natürliche oder juristische Person oder Personenhandelsgesellschaft, die eine der in § 2 Abs. 1 Nr. 1 und 2 bezeichneten Tätigkeiten auf eigene Rechnung durchführt oder durchführen läßt.

(6) Gewinnungsberechtigung ist das Recht zur Gewinnung von bergfreien oder grundeigenen Bodenschätzen.

(7) Feld einer Erlaubnis, Bewilligung oder eines Bergwerkseigentums ist ein Ausschnitt aus dem Erdkörper, der von geraden Linien an der Oberfläche und von

lotrechten Ebenen nach der Tiefe begrenzt wird, soweit nicht die Grenzen des Geltungsbereichs dieses Gesetzes einen anderen Verlauf erfordern.

(8) Gewinnungsbetrieb sind Einrichtungen zur Gewinnung von bergfreien und grundeigenen Bodenschätzen.

(9) Untergrundspeicher ist eine Anlage zur unterirdischen behälterlosen Speicherung von Gasen, Flüssigkeiten und festen Stoffen mit Ausnahme von Wasser.

(10) Transit-Rohrleitung ist eine Rohrleitung, die vom Festlandsockel oder vom Gebiet eines anderen Staates in den Festlandsockel der Bundesrepublik Deutschland führt oder diesen durchquert.

-

§ 5 Anwendung des Verwaltungsverfahrensgesetzes

Auf die Ausführung dieses Gesetzes und der auf Grund dieses Gesetzes erlassenen Rechtsverordnungen ist, soweit in diesem Gesetz nichts anderes bestimmt ist, das Verwaltungsverfahrensgesetz anzuwenden.

Zweiter Teil
Bergbauberechtigungen

Erstes Kapitel
Bergfreie Bodenschätze

Erster Abschnitt
Erlaubnis, Bewilligung, Bergwerkseigentum

-

§ 6 Grundsatz

Wer bergfreie Bodenschätze aufsuchen will, bedarf der Erlaubnis, wer bergfreie Bodenschätze gewinnen will, der Bewilligung oder des Bergwerkseigentums. Diese Berechtigungen können nur natürlichen und juristischen Personen und Personenhandelsgesellschaften erteilt oder verliehen werden.

-

§ 7 Erlaubnis

(1) Die Erlaubnis gewährt das ausschließliche Recht, nach den Vorschriften dieses Gesetzes in einem bestimmten Feld (Erlaubnisfeld)

1.

　　die in der Erlaubnis bezeichneten Bodenschätze aufzusuchen,

2.

bei planmäßiger Aufsuchung notwendigerweise zu lösende oder freizusetzende Bodenschätze zu gewinnen und das Eigentum daran zu erwerben,

3. die Einrichtungen im Sinne des § 2 Abs. 1 Nr. 3 zu errichten und zu betreiben, die zur Aufsuchung der Bodenschätze und zur Durchführung der damit nach § 2 Abs. 1 Nr. 1 und 2 im Zusammenhang stehenden Tätigkeiten erforderlich sind.

Bei einer Erlaubnis zur großräumigen Aufsuchung gilt Satz 1 mit den sich aus § 4 Abs. 1 Satz 2 ergebenden Einschränkungen.

(2) Eine Erlaubnis zur Aufsuchung zu gewerblichen Zwecken schließt die Erteilung einer Erlaubnis zur großräumigen Aufsuchung sowie einer oder mehrerer Erlaubnisse zur Aufsuchung zu wissenschaftlichen Zwecken, eine Erlaubnis zur großräumigen Aufsuchung die Erteilung einer oder mehrerer Erlaubnisse zur Aufsuchung zu wissenschaftlichen Zwecken für dasselbe Feld nicht aus.

-

§ 8 Bewilligung

(1) Die Bewilligung gewährt das ausschließliche Recht, nach den Vorschriften dieses Gesetzes

1. in einem bestimmten Feld (Bewilligungsfeld) die in der Bewilligung bezeichneten Bodenschätze aufzusuchen, zu gewinnen und andere Bodenschätze mitzugewinnen sowie das Eigentum an den Bodenschätzen zu erwerben,

2. die bei Anlegung von Hilfsbauen zu lösenden oder freizusetzenden Bodenschätze zu gewinnen und das Eigentum daran zu erwerben,

3. die erforderlichen Einrichtungen im Sinne des § 2 Abs. 1 Nr. 3 zu errichten und zu betreiben,

4. Grundabtretung zu verlangen.

(2) Auf das Recht aus der Bewilligung sind, soweit dieses Gesetz nichts anderes bestimmt, die für Ansprüche aus dem Eigentum geltenden Vorschriften des bürgerlichen Rechts entsprechend anzuwenden.

(3) Die Bewilligung schließt die Erteilung einer Erlaubnis zur großräumigen Aufsuchung sowie einer oder mehrerer Erlaubnisse zur Aufsuchung zu wissenschaftlichen Zwecken für dasselbe Feld nicht aus.

-

§ 9 Bergwerkseigentum

(1) Bergwerkseigentum gewährt das ausschließliche Recht, nach den Vorschriften dieses Gesetzes die in § 8 Abs. 1 Nr. 1 bis 4 bezeichneten Tätigkeiten und Rechte auszuüben; auf das Recht sind die für Grundstücke geltenden Vorschriften des Bürgerlichen Gesetzbuchs entsprechend anzuwenden, soweit dieses Gesetz nichts anderes bestimmt. § 8 Abs. 3 gilt entsprechend.
(2) Eine Vereinigung eines Grundstücks mit einem Bergwerkseigentum sowie die Zuschreibung eines Bergwerkseigentums als Bestandteil eines Grundstücks oder eines Grundstücks als Bestandteil eines Bergwerkseigentums ist unzulässig.

-

§ 10 Antrag

Erlaubnis und Bewilligung werden nur auf Antrag erteilt, Bergwerkseigentum nur auf Antrag verliehen. Der Antrag ist schriftlich bei der zuständigen Behörde zu stellen.

-

§ 11 Versagung der Erlaubnis

Die Erlaubnis ist zu versagen, wenn

1.

der Antragsteller die Bodenschätze, die aufgesucht werden sollen, nicht genau bezeichnet,

2.

das Feld, in dem aufgesucht werden soll, nicht dem § 4 Abs. 7 entspricht oder in einer Karte in einem nicht geeigneten Maßstab oder nicht entsprechend den Anforderungen einer Bergverordnung nach § 67 eingetragen ist,

3.

der Antragsteller nicht ein Arbeitsprogramm vorlegt, in dem insbesondere dargelegt ist, daß die vorgesehenen Aufsuchungsarbeiten hinsichtlich Art, Umfang und Zweck ausreichend sind und in einem angemessenen Zeitraum erfolgen,

4.

der Antragsteller sich nicht verpflichtet, die Ergebnisse der Aufsuchung unverzüglich nach ihrem Abschluß, spätestens beim Erlöschen der Erlaubnis, der zuständigen Behörde auf Verlangen bekanntzugeben,

5.

der Antragsteller sich nicht verpflichtet, auf Verlangen der zuständigen Behörde
a)
bei einer Aufsuchung zu wissenschaftlichen Zwecken den Inhabern einer Erlaubnis zur Aufsuchung zu gewerblichen Zwecken,

b)

bei einer großräumigen Aufsuchung den Inhabern einer Erlaubnis zur Aufsuchung zu gewerblichen Zwecken oder einer Bewilligung oder den Bergwerkseigentümern,

deren Felder hinsichtlich desselben Bodenschatzes von dem zuzuteilenden Feld ganz oder teilweise überdeckt wird, das Recht einzuräumen, sich gegen Übernahme eines angemessenen Teiles der Aufwendungen an der Aufsuchung zu beteiligen oder sich dabei vertreten zu lassen; das gilt im Falle des Buchstaben a nicht, wenn die wissenschaftliche Aufsuchung der Entwicklung von neuen Methoden oder Geräten dient,

6.

Tatsachen die Annahme rechtfertigen, daß der Antragsteller, bei juristischen Personen und Personenhandelsgesellschaften die nach Gesetz, Satzung oder Gesellschaftsvertrag zur Vertretung berechtigten Personen, die erforderliche Zuverlässigkeit nicht besitzen,

7.

bei einer Erlaubnis zur Aufsuchung zu gewerblichen Zwecken oder zur großräumigen Aufsuchung der Antragsteller nicht glaubhaft macht, daß die für eine ordnungsgemäße Aufsuchung und der damit nach § 2 Abs. 1 Nr. 1 und 2 im Zusammenhang stehenden Tätigkeiten erforderlichen Mittel aufgebracht werden können,

8.

eine sinnvolle und planmäßige Aufsuchung und Gewinnung von bergfreien oder grundeigenen Bodenschätzen gefährdet würde,

9.

Bodenschätze beeinträchtigt würden, deren Schutz im öffentlichen Interesse liegt oder

10.

überwiegende öffentliche Interessen die Aufsuchung im gesamten zuzuteilenden Feld ausschließen.

-

§ 12 Versagung der Bewilligung

(1) Für die Versagung der Bewilligung gilt § 11 Nr. 1 und 6 bis 10 entsprechend. Die Bewilligung ist ferner zu versagen, wenn

1.

nicht die Stellen, an denen die Bodenschätze entdeckt worden sind, nach Lage und Tiefe in einem Lageriß genau angegeben werden,

2.

das Feld, in dem gewonnen werden soll, nicht dem § 4 Abs. 7 entspricht oder in einem Lageriß nicht entsprechend den Anforderungen einer Bergverordnung nach § 67 eingetragen ist,

3.

der Antragsteller nicht nachweist, daß die entdeckten Bodenschätze nach ihrer Lage und Beschaffenheit gewinnbar sind,

4.

der Antragsteller kein Arbeitsprogramm vorlegt, aus dem insbesondere hervorgeht, daß die technische Durchführung der Gewinnung und die danach erforderlichen Einrichtungen unter und über Tage ausreichend sind und die Gewinnung in einer angemessenen Zeit erfolgt.

(2) Entdeckt der Inhaber einer Erlaubnis zur Aufsuchung zu gewerblichen Zwecken die in dieser Erlaubnis bezeichneten Bodenschätze im Erlaubnisfeld, so darf die von ihm beantragte Bewilligung nur aus Gründen des Absatzes 1 und nur versagt werden, wenn die Tatsachen, die die Versagung rechtfertigen, erst nach der Erteilung der Erlaubnis eingetreten sind.

-

§ 13 Versagung der Verleihung von Bergwerkseigentum

Die Verleihung von Bergwerkseigentum ist zu versagen, wenn

1.

der Antragsteller nicht Inhaber einer Bewilligung für die Bodenschätze und das Feld ist, für die er die Verleihung des Bergwerkseigentums beantragt (Bergwerksfeld),

2.

der Antragsteller nicht glaubhaft macht, daß in Zukunft mit einer wirtschaftlichen Gewinnung im gesamten beantragten Feld zu rechnen ist,

3.

das Feld, in dem gewonnen werden soll, nicht dem § 4 Abs. 7 entspricht oder seine Begrenzung an der Oberfläche nach der horizontalen Projektion eine Fläche von mehr als 25 Quadratkilometer umfassen soll,

4.

folgende Angaben und Unterlagen des Antragstellers nicht oder nicht vollständig vorliegen:

a)

die genaue Bezeichnung der Bodenschätze, für die das Bergwerkseigentum verliehen werden soll,

b)

die Eintragung des Feldes, für das die Verleihung des Bergwerkseigentums beantragt ist, in einem Lageriß in zweifacher Ausfertigung, der von einem anerkannten Markscheider oder einem öffentlich bestellten Vermessungsingenieur angefertigt worden ist und der den Anforderungen einer Bergverordnung nach § 67 entspricht,

c)

der Name des zu verleihenden Bergwerkseigentums,

d)

die Beschreibung von Art und Umfang der Erschließung des

Vorkommens unter Angabe der geologisch-lagerstättenkundlichen Merkmale.

-

§ 14 Vorrang

(1) Dem Inhaber einer Erlaubnis zur Aufsuchung zu gewerblichen Zwecken hat die zuständige Behörde unverzüglich den Inhalt jedes Antrages mitzuteilen, den ein Dritter auf Erteilung einer Bewilligung für ein bestimmtes, ganz oder teilweise innerhalb der Erlaubnis gelegenes Feld und für einen bestimmten der Erlaubnis unterliegenden Bodenschatz gestellt hat. Stellt der Inhaber der Erlaubnis innerhalb von drei Monaten nach Zugang der Mitteilung ebenfalls einen Antrag auf Erteilung einer Bewilligung, so hat sein Antrag, soweit er sich auf das innerhalb seiner Erlaubnis gelegene Feld bezieht, Vorrang vor allen übrigen Anträgen auf Erteilung einer Bewilligung für denselben Bodenschatz.
(2) In allen anderen Fällen hat bei Anträgen auf Erteilung einer Erlaubnis oder Bewilligung, bei denen Versagungsgründe nach § 11 oder § 12 nicht gegeben sind, der Antrag den Vorrang, in dem das Arbeitsprogramm zusammen mit der Voraussetzung, die nach § 11 Nr. 7 für Erlaubnis oder Bewilligung glaubhaft zu machen ist, den Anforderungen einer sinnvollen und planmäßigen Aufsuchung oder Gewinnung am besten Rechnung trägt; dabei sind die sonstigen bergbaulichen Tätigkeiten des Antragstellers zu berücksichtigen. § 12 Abs. 2 bleibt unberührt.

-

§ 15 Beteiligung anderer Behörden

Die zuständige Behörde hat vor der Entscheidung über den Antrag den Behörden Gelegenheit zur Stellungnahme zu geben, zu deren Aufgaben die Wahrnehmung öffentlicher Interessen im Sinne des § 11 Nr. 10 gehört.

-

§ 16 Form, Inhalt und Nebenbestimmungen

(1) Erlaubnis und Bewilligung bedürfen der Schriftform; die elektronische Form ist ausgeschlossen. Sie sind für ein bestimmtes Feld und für bestimmte Bodenschätze zu erteilen. Das gleiche gilt für Bergwerkseigentum. Die Erlaubnis ist als Erlaubnis zur Aufsuchung zu gewerblichen oder zu wissenschaftlichen Zwecken oder als Erlaubnis zur großräumigen Aufsuchung zu bezeichnen.
(2) Ein Erlaubnisfeld kann abweichend vom Antrag festgesetzt werden, soweit dies erforderlich ist, um eine Gefährdung der Wettbewerbslage der Bodenschätze aufsuchenden Unternehmen abzuwehren oder die Aufsuchung von Lagerstätten zu verbessern.
(3) Die nachträgliche Aufnahme, Änderung oder Ergänzung von Auflagen ist

zulässig, wenn sie

1.

для den Unternehmer und für Einrichtungen der von ihm betriebenen Art wirtschaftlich vertretbar und

2.

nach den allgemein anerkannten Regeln der Technik erfüllbar

sind und soweit dies zur Wahrung der in den §§ 11 und 12 Abs. 1 bezeichneten Rechtsgüter und Belange erforderlich ist.

(4) Die Erlaubnis ist auf höchstens fünf Jahre zu befristen. Sie soll um jeweils drei Jahre verlängert werden, soweit das Erlaubnisfeld trotz planmäßiger, mit der zuständigen Behörde abgestimmter Aufsuchung noch nicht ausreichend untersucht werden konnte.

(5) Die Bewilligung oder das Bergwerkseigentum wird für eine der Durchführung der Gewinnung im Einzelfalle angemessene Frist erteilt oder verliehen. Dabei dürfen fünfzig Jahre nur überschritten werden, soweit dies mit Rücksicht auf die für die Gewinnung üblicherweise erforderlichen Investitionen notwendig ist. Eine Verlängerung bis zur voraussichtlichen Erschöpfung des Vorkommens bei ordnungs- und planmäßiger Gewinnung ist zulässig.

-

§ 17 Entstehung des Bergwerkseigentums

(1) Bergwerkseigentum entsteht mit der Zustellung der Berechtsamsurkunde an den Antragsteller. Die Zustellung ist erst zulässig, wenn die Entscheidung über die Verleihung unanfechtbar geworden ist. Mit der Entstehung des Bergwerkseigentums erlischt die Bewilligung für den Bereich des Bergwerksfeldes.

(2) Die Berechtsamsurkunde besteht aus der Urkunde über die Verleihung (Verleihungsurkunde) und einer Ausfertigung des Lagerisses, den die zuständige Behörde mit dem Inhalt der Entscheidung über die Verleihung in Übereinstimmung zu bringen hat. Die Verleihungsurkunde muß enthalten

1.

den Namen und Wohnort des Berechtigten (Bergwerkseigentümers),

2.

den Namen des Bergwerkseigentums,

3.

die genaue Angabe der Größe und Begrenzung des Bergwerksfeldes unter Verweisung auf den Lageriß,

4.

die Namen der Gemeinden, in denen das Bergwerkseigentum liegt,

5.

die Bezeichnung der Bodenschätze, für die das Bergwerkseigentum gilt,

6.

Datum der Urkunde, Siegel und Unterschrift.

(3) Die zuständige Behörde ersucht das Grundbuchamt um Eintragung des

Bergwerkseigentums im Grundbuch. Dem Ersuchen ist eine beglaubigte Abschrift der Berechtsamsurkunde beizufügen.

(4) Das Grundbuchamt hat die zuständige Behörde von der Eintragung eines neuen Bergwerkseigentümers zu benachrichtigen.

-

§ 18 Widerruf

(1) Erlaubnis und Bewilligung sind zu widerrufen, wenn nachträglich Tatsachen eintreten, die zur Versagung hätten führen müssen.

(2) Die Erlaubnis ist ferner zu widerrufen, wenn aus Gründen, die der Erlaubnisinhaber zu vertreten hat, die Aufsuchung nicht innerhalb eines Jahres nach Erteilung der Erlaubnis aufgenommen oder die planmäßige Aufsuchung länger als ein Jahr unterbrochen worden ist; die zuständige Behörde kann die Frist aus wichtigem Grunde um jeweils ein weiteres Jahr verlängern. Die Erlaubnis kann widerrufen werden, wenn der Erlaubnisinhaber für einen der Erlaubnis unterliegenden Bodenschatz keine Bewilligung beantragt, obwohl die Voraussetzungen für deren Erteilung vorliegen und eine von der zuständigen Behörde für die Antragstellung gesetzte angemessene Frist verstrichen ist.

(3) Die Bewilligung ist ferner zu widerrufen, wenn die Gewinnung nicht innerhalb von drei Jahren nach Erteilung der Bewilligung aufgenommen oder wenn die regelmäßige Gewinnung länger als drei Jahre unterbrochen worden ist. Dies gilt nicht, solange Gründe einer sinnvollen technischen oder wirtschaftlichen Planung des Bewilligungsinhabers es erfordern, daß die Gewinnung im Bewilligungsfeld erst zu einem späteren Zeitpunkt aufgenommen oder wiederaufgenommen wird oder wenn sonstige Gründe für die Unterbrechung vorliegen, die der Bewilligungsinhaber nicht zu vertreten hat.

(4) Das Bergwerkseigentum ist zu widerrufen, wenn die regelmäßige Gewinnung länger als zehn Jahre unterbrochen worden ist. Absatz 3 Satz 2 ist entsprechend anzuwenden. Die zuständige Behörde hat die im Grundbuch eingetragenen dinglich Berechtigten von der Entscheidung über einen Widerruf des Bergwerkseigentums schriftlich zu unterrichten. Sie ersucht das Grundbuchamt um die Löschung des Bergwerkseigentums, wenn der Widerruf wirksam geworden ist.

-

§ 19 Aufhebung der Erlaubnis und Bewilligung

(1) Eine Erlaubnis oder Bewilligung ist auf Antrag ihres Inhabers ganz oder teilweise aufzuheben. Der Antrag ist schriftlich oder zur Niederschrift bei der zuständigen Behörde zu stellen.

(2) Mit der Bekanntgabe der Aufhebung im amtlichen Veröffentlichungsblatt der zuständigen Behörde erlischt die Erlaubnis oder Bewilligung in dem Umfang, in dem sie aufgehoben wird.

-

§ 20 Aufhebung von Bergwerkseigentum

(1) Das Bergwerkseigentum ist auf Antrag des Bergwerkseigentümers aufzuheben. Eine teilweise Aufhebung ist nicht zulässig.

(2) Die zuständige Behörde hat den im Grundbuch eingetragenen dinglich Berechtigten schriftlich mitzuteilen, daß ein Antrag auf Aufhebung des Bergwerkseigentums vorliegt. Die Mitteilung muß den Hinweis auf das sich aus Absatz 3 ergebende Antragsrecht sowie darauf enthalten, daß mit der Aufhebung das Bergwerkseigentum erlischt. Die Mitteilung ist im Bundesanzeiger und im amtlichen Veröffentlichungsblatt der zuständigen Behörde bekanntzumachen.

(3) Innerhalb von drei Monaten nach Bekanntmachung der Mitteilung kann jeder dinglich Berechtigte die Zwangsversteigerung des Bergwerkseigentums beantragen. Ein vollstreckbarer Titel ist für den Antrag und die Durchführung der Zwangsversteigerung nicht erforderlich.

(4) Wird die Zwangsversteigerung nicht innerhalb der Frist des Absatzes 3 Satz 1 beantragt oder führt das Zwangsversteigerungsverfahren nicht zur Erteilung des Zuschlages, so hebt die zuständige Behörde das Bergwerkseigentum auf; anderenfalls gilt der Antrag nach Absatz 1 als erledigt. Die Entscheidung über die Aufhebung ist dem Bergwerkseigentümer und den im Grundbuch eingetragenen dinglich Berechtigten zuzustellen. Die Gemeinde, in deren Gebiet das Bergwerksfeld liegt, ist von der Entscheidung zu unterrichten.

(5) Ist das Bergwerkseigentum erloschen, so ersucht die zuständige Behörde das Grundbuchamt um die Löschung.

-

§ 21 Beteiligung an der Aufsuchung

(1) Die zuständige Behörde hat

1.

den Inhalt einer Erlaubnis zur Aufsuchung zu wissenschaftlichen Zwecken jedem Inhaber einer Erlaubnis zur Aufsuchung zu gewerblichen Zwecken und

2.

den Inhalt einer Erlaubnis zur großräumigen Aufsuchung jedem Inhaber einer Erlaubnis zur Aufsuchung zu gewerblichen Zwecken oder einer Bewilligung und jedem Bergwerkseigentümer

unverzüglich mitzuteilen, wenn sich die Felder dieser Berechtigungen mit dem Feld der Erlaubnis zur Aufsuchung zu wissenschaftlichen Zwecken oder der Erlaubnis zur großräumigen Aufsuchung hinsichtlich desselben Bodenschatzes ganz oder teilweise überdecken.

(2) Die zuständige Behörde hat ein Verlangen im Sinne des § 11 Nr. 5 zu stellen, wenn einer der Berechtigten bis zum Ablauf von sechs Wochen nach Zugang der Mitteilung gemäß Absatz 1 für sich einen entsprechenden Antrag stellt und glaubhaft macht, daß er die zur Übernahme des angemessenen Teils der Aufwendungen gemäß § 11 Nr. 5 erforderlichen Mittel aufbringen kann. Nach Ablauf dieser Frist kann die Behörde bei Vorliegen der übrigen Voraussetzungen

des Satzes 1 ein Verlangen stellen, wenn die Entscheidung des Berechtigten über seine Beteiligung vorher nicht möglich war und für den verpflichteten Antragsteller im Zeitpunkt des Verlangens die Beteiligung noch zumutbar ist.

-

§ 22 Übertragung und Übergang der Erlaubnis und Bewilligung

(1) Die Übertragung der Erlaubnis oder Bewilligung auf einen Dritten oder die Beteiligung Dritter an einer Erlaubnis oder Bewilligung ist nur mit Zustimmung der zuständigen Behörde zulässig. Die Zustimmung darf nur versagt werden, wenn

1.
bei einer Übertragung eine der Voraussetzungen des § 11 Nr. 4 bis 10, auch in Verbindung mit § 12 Abs. 1 Satz 1, oder
2.
bei einer Beteiligung eine der Voraussetzungen des § 11 Nr. 4 bis 7, auch in Verbindung mit § 12 Abs. 1 Satz 1,
vorliegt. Die Zustimmung bedarf der Schriftform.

(2) Mit dem Tode des Inhabers einer Erlaubnis oder Bewilligung geht das Recht auf die Erben über. Bis zur Dauer von zehn Jahren nach dem Erbfall darf es von einem Nachlaßinsolvenzverwalter, Nachlaßpfleger oder Testamentsvollstrecker ausgeübt werden. Die in Satz 1 und 2 bezeichneten Personen haben der zuständigen Behörde unverzüglich den Erbfall anzuzeigen. Die Rechtsfolgen nach Satz 1 oder Satz 2 treten nicht ein für Erben oder in Satz 2 genannte Verfügungsberechtigte, in deren Person ein Versagungsgrund nach § 11 Nr. 6, auch in Verbindung mit § 12 Abs. 1 Satz 1, gegeben ist. Die Sätze 1 bis 3 gelten für sonstige Fälle der Gesamtrechtsnachfolge entsprechend.

-

§ 23 Veräußerung von Bergwerkseigentum

(1) Die rechtsgeschäftliche Veräußerung von Bergwerkseigentum und der schuldrechtliche Vertrag hierüber bedürfen der Genehmigung der zuständigen Behörde. Die Genehmigung darf nur versagt werden, wenn der Veräußerung Gründe des öffentlichen Interesses entgegenstehen.

(2) Die Genehmigung kann auch vor der Beurkundung des Rechtsgeschäfts erteilt werden. Sie gilt als erteilt, wenn sie nicht innerhalb von zwei Monaten nach Eingang des Antrages versagt wird. Hierüber hat die zuständige Behörde auf Verlangen ein Zeugnis zu erteilen.

Zweiter Abschnitt
Vereinigung, Teilung und Austausch von Bergwerkseigentum

-

§ 24 Zulässigkeit der Vereinigung

Bergwerksfelder dürfen vereinigt werden, wenn sie aneinandergrenzen und das Bergwerkseigentum auf die gleichen Bodenschätze verliehen ist.

-

§ 25 Voraussetzungen der Vereinigung

Zur Vereinigung sind erforderlich

1.

eine notariell beurkundete Einigung der beteiligten Bergwerkseigentümer oder eine entsprechende Erklärung des Alleineigentümers über die Vereinigung; dabei sind die Namen des neuen Bergwerkseigentums und des neuen Bergwerkseigentümers, bei mehreren Bergwerkseigentümern auch der Anteil oder die sonstigen Rechtsverhältnisse an dem neuen Bergwerkseigentum anzugeben;

2.

zwei Ausfertigungen eines Lagerisses des neuen Bergwerksfeldes, der den Anforderungen einer Bergverordnung nach § 67 entspricht;

3.

bei dinglicher Belastung des Bergwerkseigentums eine notariell beurkundete Vereinbarung zwischen den dinglich Berechtigten und den beteiligten Bergwerkseigentümern darüber, daß und in welcher Weise, insbesondere in welcher Rangordnung, die Belastungen auf das neue Bergwerkseigentum (§ 27 Abs. 1) übergehen sollen;

4.

die Genehmigung nach § 26.

-

§ 26 Genehmigung der Vereinigung, Berechtsamsurkunde

(1) Die Genehmigung darf nur versagt werden, wenn

1.

die Vereinigung unzulässig ist,

2.

die in § 25 Nr. 1 bis 3 bezeichneten Urkunden und die Verleihungsurkunden oder die nach § 154 Abs. 2 ausgestellten Urkunden nicht oder nicht vollständig vorgelegt werden oder

3.

der Vereinigung Gründe des öffentlichen Interesses entgegenstehen.

(2) Die Genehmigung wird mit der Urkunde nach § 25 Nr. 1, einer Ausfertigung des Lagerisses nach § 25 Nr. 2, den Verleihungs- oder den nach § 154 Abs. 2 ausgestellten Urkunden zu einer einheitlichen Berechtsamsurkunde verbunden.

-

§ 27 Wirkung der Vereinigung

(1) Mit der Zustellung der Berechtsamsurkunde an den Antragsteller entsteht unter Erlöschen des bisherigen Bergwerkseigentums neues Bergwerkseigentum an dem einheitlichen Bergwerksfeld mit den sich aus der Vereinbarung nach § 25 Nr. 3 ergebenden dinglichen Belastungen.

(2) Ist die Vereinigung wirksam geworden, so ersucht die zuständige Behörde das Grundbuchamt um Berichtigung des Grundbuches. Dem Ersuchen ist eine beglaubigte Abschrift der Berechtsamsurkunde beizufügen.

-

§ 28 Teilung

Ein Bergwerksfeld kann in selbständige Teile geteilt werden, wenn die Teile dem § 4 Abs. 7 entsprechen und durch die Teilung eine Feldeszersplitterung, insbesondere eine Erschwerung der sinnvollen und planmäßigen Gewinnung von Bodenschätzen nicht zu befürchten ist. Die §§ 25 bis 27 gelten mit der Maßgabe entsprechend, daß die in § 25 Nr. 1 und 2 bezeichneten Urkunden für jeden Teil des Bergwerksfeldes erforderlich sind; mit Ausnahme der Lagerisse für die Teilung ist jedoch eine Urschrift nebst der erforderlichen Zahl von Ausfertigungen oder beglaubigten Abschriften der Urkunden ausreichend.

-

§ 29 Austausch

Der Austausch von Teilen von Bergwerksfeldern ist zulässig, wenn die auszutauschenden Teile jeweils an das Bergwerksfeld angrenzen, mit dem sie durch den Austausch vereinigt werden sollen, durch den Austausch eine Feldeszersplitterung, insbesondere eine Erschwerung der sinnvollen und planmäßigen Gewinnung von Bodenschätzen, nicht zu befürchten ist, die auszutauschenden Teile dem § 4 Abs. 7 entsprechen und das Bergwerkseigentum auf die gleichen Bodenschätze verliehen ist. Die §§ 25 bis 27 sind mit folgender Maßgabe entsprechend anzuwenden:

1.
Die Namen des am Austausch beteiligten Bergwerkseigentums bleiben bestehen.

2.
Die in § 25 Nr. 1 und 2 bezeichneten Urkunden sind für jeden am Austausch beteiligten Teil der Bergwerksfelder erforderlich.

3.
Mit Ausnahme der Lagerisse für den Austausch ist neben jeweils einer Urschrift die erforderliche Zahl von Ausfertigungen oder beglaubigten Abschriften der Urkunden ausreichend.

Dritter Abschnitt
Feldes- und Förderabgabe

§ 30 Feldesabgabe

(1) Der Inhaber einer Erlaubnis zur Aufsuchung zu gewerblichen Zwecken hat jährlich eine Feldesabgabe zu entrichten.

(2) Die Feldesabgabe ist an das Land zu entrichten, in dem das Erlaubnisfeld liegt; § 137 bleibt unberührt.

(3) Die Feldesabgabe beträgt im ersten Jahr nach der Erteilung fünf Euro je angefangenen Quadratkilometer und erhöht sich für jedes folgende Jahr um weitere fünf Euro bis zum Höchstbetrag von fünfundzwanzig Euro je angefangenen Quadratkilometer. Auf die Feldesabgabe sind die im Erlaubnisfeld in dem jeweiligen Jahr für die Aufsuchung gemachten Aufwendungen anzurechnen.

§ 31 Förderabgabe

(1) Der Inhaber einer Bewilligung hat jährlich für die innerhalb des jeweiligen Jahres aus dem Bewilligungsfeld gewonnenen oder mitgewonnenen bergfreien Bodenschätze eine Förderabgabe zu entrichten. Gleiches gilt für den Bergwerkseigentümer. Eine Förderabgabe ist nicht zu entrichten, soweit die Bodenschätze ausschließlich aus gewinnungstechnischen Gründen gewonnen und nicht wirtschaftlich verwertet werden. Satz 3 gilt nicht für die Errichtung eines Untergrundspeichers.

(2) Die Förderabgabe beträgt zehn vom Hundert des Marktwertes, der für im Geltungsbereich dieses Gesetzes gewonnene Bodenschätze dieser Art innerhalb des Erhebungszeitraums durchschnittlich erzielt wird. Für Bodenschätze, die keinen Marktwert haben, stellt die zuständige Behörde nach Anhörung sachverständiger Stellen den für die Förderabgabe zugrunde zu legenden Wert fest.

(3) § 30 Abs. 2 gilt entsprechend.

§ 32 Feststellung, Erhebung und Änderung der Feldes- und Förderabgabe

(1) Die Landesregierungen werden ermächtigt, durch Rechtsverordnung die zur Durchführung der §§ 30 und 31 erforderlichen Vorschriften über die Feststellung des Marktwertes und des Wertes nach § 31 Abs. 2 Satz 2 sowie über die Erhebung und Bezahlung der Feldes- und Förderabgabe zu erlassen. Natürliche und juristische Personen können zur Erteilung von Auskünften verpflichtet werden, soweit dies zur Festsetzung des Marktwertes erforderlich ist.

(2) Die Landesregierungen werden ermächtigt, durch Rechtsverordnung für einen

bestimmten Zeitraum

1.
   Erlaubnisse, Bewilligungen und Bergwerkseigentum auf bestimmte Bodenschätze oder in bestimmten Gebieten von der Feldes- und Förderabgabe zu befreien,

2.
   für Erlaubnisse auf bestimmte Bodenschätze oder in bestimmten Gebieten einen von § 30 Abs. 3 Satz 1 abweichenden Betrag und eine andere Staffelung festzusetzen,

3.
   für Bewilligungen und Bergwerkseigentum auf bestimmte Bodenschätze oder in bestimmten Gebieten einen von § 31 Abs. 2 abweichenden Vomhundertsatz oder Bemessungsmaßstab festzusetzen,

soweit dies zur Anpassung an die bei Inkrafttreten dieses Gesetzes geltenden Regelungen geboten, zur Abwehr einer Störung des gesamtwirtschaftlichen Gleichgewichts, zur Abwehr einer Gefährdung der Wettbewerbslage der aufsuchenden oder gewinnenden Unternehmen, zur Sicherung der Versorgung des Marktes mit Rohstoffen, zur Verbesserung der Ausnutzung von Lagerstätten oder zum Schutz sonstiger volkswirtschaftlicher Belange erforderlich ist oder soweit die Bodenschätze im Gewinnungsbetrieb verwendet werden. Dabei dürfen die Abgaben höchstens auf das Vierfache des sich aus § 30 Abs. 3 Satz 1 oder § 31 Abs. 2 Satz 1 ergebenden Beträge erhöht werden.

(3) Die Landesregierungen können die Ermächtigung nach den Absätzen 1 und 2 durch Rechtsverordnung auf andere Stellen übertragen.

<u>Vierter Abschnitt</u>
<u>Fundanzeige</u>

-

§ 33 Anzeige und Entschädigung

(1) Wer einen bergfreien Bodenschatz entdeckt, ohne zu seiner Aufsuchung oder Gewinnung berechtigt zu sein, und der zuständigen Behörde die Entdeckung unverzüglich anzeigt, kann von demjenigen, der auf Grund dieser Anzeige eine Bewilligung für den Bodenschatz erhält, Ersatz der Aufwendungen verlangen, die ihm im Zusammenhang mit der Entdeckung entstanden sind. Dies gilt nicht, wenn der Bodenschatz unter Verstoß gegen § 6 entdeckt worden oder die Lagerstätte dieses Bodenschatzes bereits bekannt ist.

(2) Die Anzeige muß Angaben über den Zeitpunkt der Entdeckung, den Fundort mit Bezeichnung des Grundstücks, der Gemeinde und des Kreises sowie eine Beschreibung der Art und Beschaffenheit des Fundes enthalten. Die zuständige Behörde hat den Anzeigenden unverzüglich von der Erteilung einer Bewilligung zu benachrichtigen.

Zweites Kapitel
Grundeigene Bodenschätze

-

§ 34 Inhalt der Befugnis zur Aufsuchung und Gewinnung grundeigener Bodenschätze

Für die Befugnis des Grundeigentümers, bei der Aufsuchung und Gewinnung grundeigener Bodenschätze nach Maßgabe dieses Gesetzes andere Bodenschätze mitzugewinnen, das Eigentum daran zu erwerben, Hilfsbaue anzulegen und fremde Grubenbaue zu benutzen, gelten,

1.

soweit sich dies nicht schon aus dem Inhalt des Grundeigentums und

2.

soweit sich nicht aus den §§ 149 bis 158 etwas anderes

ergibt, § 7 Abs. 1 und die §§ 8 und 9 mit der Maßgabe entsprechend, daß an die Stelle des Erlaubnis-, Bewilligungs- und Bergwerksfeldes das Grundstück tritt, auf das sich das Grundeigentum bezieht.

Drittes Kapitel
Zulegung

-

§ 35 Voraussetzungen

Die zuständige Behörde kann auf Antrag dem Inhaber einer Gewinnungsberechtigung durch Zulegung das Recht erteilen, den Abbau eines Bodenschatzes aus dem Feld seiner Gewinnungsberechtigung (Hauptfeld) in das Feld einer benachbarten fremden Gewinnungsberechtigung, die sich auf den gleichen Bodenschatz bezieht, fortzuführen (grenzüberschreitender Abbau), wenn

1.

der Antragsteller nachweist, daß er sich ernsthaft um eine Einigung über den grenzüberschreitenden Abbau zu angemessenen Bedingungen, erforderlichenfalls unter Angebot geeigneter Abbaumöglichkeiten innerhalb der eigenen Gewinnungsberechtigungen, bemüht hat,

2.

aus bergwirtschaftlichen oder bergtechnischen Gründen ein grenzüberschreitender Abbau geboten ist,

3.

Gründe des Allgemeinwohls, insbesondere die Versorgung des Marktes mit Bodenschätzen oder andere gesamtwirtschaftliche Gründe, einen grenzüberschreitenden Abbau erfordern,

4.

nicht damit gerechnet werden muß, daß die in dem Feld der benachbarten Berechtigung anstehenden Bodenschätze von einem anderen Gewinnungsbetrieb auch ohne Zulegung ebenso wirtschaftlich gewonnen werden,

5.

Bodenschätze, deren Schutz im öffentlichen Interesse liegt, durch die Zulegung nicht beeinträchtigt werden,

6.

folgende Angaben und Unterlagen des Antragstellers vorliegen:

a)

Ein Lageriß mit genauer Eintragung des Hauptfeldes und des Feldes der fremden Berechtigung unter besonderer Kennzeichnung des zuzulegenden Feldesteiles,

b)

eine Darstellung der zur bergwirtschaftlichen und bergtechnischen Beurteilung der Zulegung bedeutsamen tatsächlichen Verhältnisse,

c)

Angaben über das im Hauptfeld durchgeführte sowie über das im Feld der fremden Berechtigung beabsichtigte Arbeitsprogramm, insbesondere über die technische Durchführung der Gewinnung, die danach erforderlichen Einrichtungen unter und über Tage und den Zeitplan,

d)

glaubhafte Angaben darüber, daß die für eine ordnungsgemäße Durchführung des grenzüberschreitenden Abbaus und der damit nach § 2 Abs. 1 Nr. 1 und 2 im Zusammenhang stehenden Tätigkeiten erforderlichen Mittel aufgebracht werden können,

e)

Angaben über Verwendung und Absatz der durch den grenzüberschreitenden Abbau zu gewinnenden Bodenschätze,

f)

eine Begründung zu dem Vorliegen der in den Nummern 3 und 4 bezeichneten Voraussetzungen.

-

§ 36 Verfahren

Auf das Verfahren sind die Vorschriften über das förmliche Verwaltungsverfahren nach Teil V Abschnitt 1 des Verwaltungsverfahrensgesetzes mit folgender Maßgabe anzuwenden:

1.

Beteiligter ist auch, wem ein Recht zur Gewinnung in dem Feld der fremden Berechtigung zusteht, sowie der Inhaber eines dinglichen Rechtes an der fremden Berechtigung. Liegt die fremde Berechtigung ganz oder teilweise im

2. Bezirk einer anderen zuständigen Behörde, so ist auch diese zu laden.

Von Amts wegen ist ein Vertreter auch zu bestellen für Mitberechtigte, wenn sie der Aufforderung der zuständigen Behörde, einen gemeinsamen Vertreter zu bestellen, innerhalb der ihnen gesetzten Frist nicht nachgekommen sind.

3. In der mündlichen Verhandlung ist auf eine Einigung hinzuwirken. Kommt eine Einigung zustande, so ist diese in der Verhandlungsniederschrift zu beurkunden. Auf die Beurkundung sind die §§ 3 bis 13 und 16 bis 26 des Beurkundungsgesetzes vom 28. August 1969 (BGBl. I S. 1513), zuletzt geändert durch Gesetz vom 20. Februar 1980 (BGBl. I S. 157), entsprechend anzuwenden. Die Niederschrift über die Einigung steht einer notariellen Beurkundung der Einigung gleich. Eine Auflassung kann die zuständige Behörde nicht entgegennehmen.

4. Kommt eine Einigung nicht zustande, so entscheidet die zuständige Behörde über den Antrag. Das Recht zum grenzüberschreitenden Abbau ist für ein bestimmtes Feld, für bestimmte Bodenschätze und zeitlich beschränkt zu erteilen. § 16 Abs. 3 gilt entsprechend.

An die Stelle der Vorschriften über das förmliche Verwaltungsverfahren nach Teil V Abschnitt 1 des Verwaltungsverfahrensgesetzes treten die entsprechenden Vorschriften der Verwaltungsverfahrensgesetze der Länder, soweit dies landesrechtlich angeordnet ist.

-

§ 37 Entschädigung

(1) Für die Erteilung des Rechts zum grenzüberschreitenden Abbau hat der Berechtigte eine Entschädigung an den Inhaber der fremden Berechtigung zu leisten. Kommt eine Einigung nicht zustande, so ist die Entschädigung in der Entscheidung über die Erteilung des Rechts zum grenzüberschreitenden Abbau festzusetzen.

(2) Die Entschädigung wird für den durch den grenzüberschreitenden Abbau eintretenden Rechtsverlust und für andere dadurch eintretende Vermögensnachteile geleistet. Soweit zur Zeit der Entscheidung Nutzungen gezogen werden, ist von dem Maß ihrer Beeinträchtigung auszugehen. Hat der Entschädigungsberechtigte Maßnahmen getroffen, um die Nutzungen zu steigern, und ist nachgewiesen, daß die Maßnahmen die Nutzungen nachhaltig gesteigert hätten, so ist dies zu berücksichtigen. Die Entschädigung ist auf Verlangen des Inhabers der fremden Berechtigung in wiederkehrenden Leistungen zu zahlen. Ist die fremde Berechtigung mit dinglichen Rechten Dritter belastet, so gelten die Artikel 52 und 53 des Einführungsgesetzes zum Bürgerlichen Gesetzbuch entsprechend.

-

§ 38 Inhalt der Zulegung, Aufhebung, Förderabgabe

(1) Für das Recht zum grenzüberschreitenden Abbau gelten die §§ 8, 15, 16 Abs. 5 und § 18 Abs. 1 und 3 entsprechend. § 31 gilt in dem Umfang entsprechend, in dem er für den Inhaber der fremden Berechtigung gelten würde.
(2) Das Recht darf erst ausgeübt werden, wenn der Berechtigte

1.

die Entschädigung geleistet oder

2.

bei einer Entschädigung in wiederkehrenden Leistungen die erste Rate und für die übrigen Raten angemessene Sicherheit geleistet hat.

Dritter Teil
Aufsuchung, Gewinnung und Aufbereitung

Erstes Kapitel
Allgemeine Vorschriften über die Aufsuchung und Gewinnung

Erster Abschnitt
Aufsuchung

-

§ 39 Einigung mit dem Grundeigentümer, Zustimmung anderer Behörden, Entschädigung

(1) Wer zum Zwecke der Aufsuchung ein fremdes Grundstück benutzen will, hat vor Beginn der Aufsuchung

1.

die Zustimmung des Grundeigentümers und der sonstigen Nutzungsberechtigten und,

2.

wenn das Grundstück durch Gesetz oder auf Grund eines Gesetzes einem öffentlichen Zweck gewidmet ist, auch die Zustimmung der für die Wahrung dieses Zweckes zuständigen Behörde

einzuholen. § 905 Satz 2 des Bürgerlichen Gesetzbuchs bleibt unberührt.
(2) Bei einem unter Absatz 1 Satz 1 Nr. 2 fallenden Grundstück ist

1.

die Zustimmung nach Absatz 1 Satz 1 Nr. 1 nicht erforderlich, wenn das Grundstück ausschließlich dem öffentlichen Zweck dient, dem es gewidmet ist,

2.

die Zustimmung nach Absatz 1 Satz 1 Nr. 2 nicht erforderlich, wenn

a)

sich Art und Form der Tätigkeit, die der Aufsuchung dient oder zu dienen bestimmt ist, nicht von den Tätigkeiten unterscheidet, die im Rahmen der Widmung ausgeübt werden dürfen oder von der Widmung nicht betroffen sind oder

b)

für die Zulassung der Tätigkeit nach den Vorschriften, auf denen die Widmung beruht, eine besondere behördliche Erlaubnis, Genehmigung oder Zustimmung vorgesehen und diese von der dafür zuständigen Behörde erteilt worden ist.

(3) Der Aufsuchungsberechtigte hat nach Abschluß der Aufsuchungsarbeiten den früheren Zustand fremder Grundstücke wiederherzustellen, es sei denn, daß die Aufrechterhaltung der Einwirkungen auf die Grundstücke nach Entscheidung der zuständigen Behörde für spätere Gewinnungsarbeiten zulässig ist oder die zuständige Behörde zur Wiedernutzbarmachung der Oberfläche eine Abweichung von dem früheren Zustand angeordnet hat.

(4) Der Aufsuchungsberechtigte hat dem Grundeigentümer und den sonstigen Nutzungsberechtigten für die durch die Aufsuchungsarbeiten entstandenen, nicht durch Wiederherstellung des früheren Zustandes oder andere Maßnahmen nach Absatz 3 ausgeglichenen Vermögensnachteile Ersatz in Geld zu leisten. Der Ersatzanspruch haftet den Inhabern von dinglichen Rechten, mit denen das Grundstück belastet ist, in entsprechender Anwendung der Artikel 52 und 53 des Einführungsgesetzes zum Bürgerlichen Gesetzbuch.

(5) Zur Sicherung ihrer Ansprüche aus den Absätzen 3 und 4 können der Grundeigentümer und sonstige Nutzungsberechtigte eine angemessene Sicherheitsleistung verlangen.

-

§ 40 Streitentscheidung

(1) Wird die nach § 39 Abs. 1 Satz 1 Nr. 1 erforderliche Zustimmung versagt, so kann sie auf Antrag durch eine Entscheidung der zuständigen Behörde ersetzt werden, wenn öffentliche Interessen, insbesondere die Durchforschung nach nutzbaren Lagerstätten, die Aufsuchung erfordern. Wenn unter Gebäuden, auf Betriebsgrundstücken, in Gärten oder eingefriedeten Hofräumen aufgesucht werden soll, kann die Zustimmung nur aus überwiegenden öffentlichen Interessen durch eine Entscheidung der zuständigen Behörde ersetzt werden.

(2) Die zuständige Behörde entscheidet auf Antrag auch über die Höhe des Entschädigungsanspruchs (§ 39 Abs. 4) oder der Sicherheit (§ 39 Abs. 5), wenn eine Einigung hierüber nicht zustande kommt; die Kosten des Verfahrens trägt der Aufsuchungsberechtigte. Erst wenn der Ersatz geleistet oder eine Sicherheit hinterlegt ist, darf die Aufsuchung begonnen oder fortgesetzt werden.

-

§ 41 Gewinnung von Bodenschätzen bei der Aufsuchung

Der Aufsuchungsberechtigte hat das Recht, Bodenschätze zu gewinnen, soweit die Bodenschätze nach der Entscheidung der zuständigen Behörde bei planmäßiger Durchführung der Aufsuchung aus bergtechnischen, sicherheitstechnischen oder anderen Gründen gewonnen werden müssen. Das Recht des Aufsuchungsberechtigten, andere als bergfreie Bodenschätze in eigenen Grundstücken zu gewinnen, bleibt unberührt.

Zweiter Abschnitt
Gewinnung

-

§ 42 Mitgewinnung von Bodenschätzen bei der Gewinnung bergfreier Bodenschätze

(1) Bei der Gewinnung bergfreier Bodenschätze hat der Gewinnungsberechtigte das Recht, innerhalb des Feldes seiner Gewinnungsberechtigung andere Bodenschätze mitzugewinnen, soweit sie nach der Entscheidung der zuständigen Behörde bei planmäßiger Durchführung der Gewinnung aus bergtechnischen oder sicherheitstechnischen Gründen nur gemeinschaftlich gewonnen werden können. Andere an diesen Bodenschätzen Berechtigte hat der Gewinnungsberechtigte von der Entscheidung nach Satz 1 unverzüglich in Kenntnis zu setzen.

(2) Der Gewinnungsberechtigte hat die Herausgabe

1.

mitgewonnener bergfreier Bodenschätze, für die Aneignungsrechte Dritter bestehen, und

2.

mitgewonnener nicht bergfreier Bodenschätze

dem jeweils anderen Berechtigten gegen Erstattung der für die Gewinnung und eine erforderliche Aufbereitung gemachten Aufwendungen und einer für die Gewinnung zu zahlenden Förderabgabe anzubieten und diese Bodenschätze auf Verlangen herauszugeben. Der andere Berechtigte kann die Herausgabe nur innerhalb von zwei Monaten nach Kenntnisnahme nach Absatz 1 Satz 2 verlangen. Die bis zu dem Zeitpunkt des Verlangens mitgewonnenen Bodenschätze unterliegen nicht der Herausgabepflicht. Das gleiche gilt, wenn

1.

die Trennung der mitgewonnenen Bodenschätze von den übrigen Bodenschätzen nicht möglich oder wegen der damit verbundenen Aufwendungen nicht zumutbar ist oder

2.

die mitgewonnenen Bodenschätze zur Sicherung des eigenen Betriebes des Gewinnungsberechtigten oder in diesem Betrieb zur Sicherung der Oberfläche verwendet werden.

Können herauszugebende Bodenschätze nicht voneinander getrennt werden oder ist eine Trennung wegen der damit verbundenen Aufwendungen nicht zumutbar und stehen sie mehreren anderen Berechtigten zu, so hat der Gewinnungsberechtigte jedem dieser Berechtigten einen seiner Berechtigung entsprechenden Anteil herauszugeben.
(3) Ist dem jeweils anderen Berechtigten die Übernahme herauszugebender Bodenschätze nicht zumutbar, so kann er für diese Bodenschätze von dem Gewinnungsberechtigten einen angemessenen Ausgleich in Geld verlangen, soweit der Gewinnungsberechtigte die Bodenschätze verwerten kann. Die Aufwendungen für die Gewinnung und eine erforderliche Aufbereitung sowie eine für die Gewinnung zu zahlende Förderabgabe sind anzurechnen.
(4) Auf Antrag des Gewinnungsberechtigten oder eines anderen Berechtigten entscheidet die zuständige Behörde über die Unmöglichkeit oder Unzumutbarkeit der Trennung der Bodenschätze und die Größe der Anteile.

-

§ 43 Mitgewinnung von Bodenschätzen bei der Gewinnung grundeigener Bodenschätze

Bei der Gewinnung grundeigener Bodenschätze gilt für die Mitgewinnung bergfreier Bodenschätze § 42 entsprechend.

-

§ 44 Hilfsbaurecht

(1) Der Gewinnungsberechtigte hat das Recht, außerhalb des Feldes seiner Gewinnungsberechtigung unterirdische Anlagen zu errichten, die der technischen oder wirtschaftlichen Verbesserung seines Gewinnungsbetriebes, insbesondere der Wasserlösung oder Wetterführung, zu dienen bestimmt sind (Hilfsbaue). Dies gilt nicht, wenn ein Hilfsbau im Feld einer anderen Gewinnungsberechtigung errichtet werden soll und dadurch die Gewinnung des anderen Gewinnungsberechtigten gefährdet oder wesentlich beeinträchtigt würde.
(2) Der Hilfsbauberechtigte hat für den Schaden, der dem anderen Gewinnungsberechtigten durch den Hilfsbau entsteht, Ersatz in Geld zu leisten.

-

§ 45 Mitgewinnung von Bodenschätzen bei Anlegung von Hilfsbauen

(1) Der Hilfsbauberechtigte hat das Recht, alle Bodenschätze mitzugewinnen, die nach der Entscheidung der zuständigen Behörde bei ordnungsgemäßer Anlegung eines Hilfsbaues gelöst werden müssen. Andere an diesen Bodenschätzen Berechtigte hat er von der Entscheidung nach Satz 1 unverzüglich in Kenntnis zu setzen.
(2) Bergfreie Bodenschätze, für die Aneignungsrechte Dritter bestehen, und fremde

nicht bergfreie Bodenschätze hat der Hilfsbauberechtigte den anderen Berechtigten unentgeltlich herauszugeben, wenn diese es innerhalb eines Monats nach Kenntnisnahme nach Absatz 1 Satz 2 verlangen. § 42 Abs. 2 Satz 3 bis 5 und Abs. 4 gilt entsprechend.

-

§ 46 Hilfsbau bei Bergwerkseigentum

Ein Hilfsbau, der auf Grund von Bergwerkseigentum rechtmäßig angelegt worden ist, gilt als dessen wesentlicher Bestandteil. Eine Eintragung in das Grundbuch ist nicht erforderlich.

-

§ 47 Benutzung fremder Grubenbaue

(1) Der Gewinnungsberechtigte hat das Recht, fremde unter Tage errichtete Baue (Grubenbaue) zu benutzen, wenn

1.
   die Voraussetzungen des § 44 Abs. 1 Satz 1 vorliegen und
2.
   er einen angemessenen Teil der Aufwendungen für die Errichtung und Unterhaltung der zu benutzenden Grubenbaue übernimmt.

Satz 1 gilt nicht für Grubenbaue, die für andere Zwecke als die Aufsuchung oder Gewinnung bergfreier oder grundeigener Bodenschätze benutzt werden.

(2) Ist eine zweckmäßige Benutzung nach Absatz 1 Satz 1 nur bei entsprechender Veränderung der Grubenbaue möglich und wird dadurch die Gewinnung durch den anderen Berechtigten nicht gefährdet oder wesentlich beeinträchtigt, so ist dieser verpflichtet, die Veränderung nach eigener Wahl entweder selbst vorzunehmen oder zu dulden. Die Aufwendungen für die Veränderung trägt der Gewinnungsberechtigte. Die Übernahme von Aufwendungen nach Absatz 1 Satz 1 Nr. 2 entfällt, wenn der Grubenbau vom anderen Berechtigten nicht mehr benutzt wird; in diesem Fall trägt der Gewinnungsberechtigte die Aufwendungen für die Unterhaltung allein.

(3) Für den durch die Benutzung entstehenden Schaden hat der Gewinnungsberechtigte dem anderen Berechtigten Ersatz in Geld zu leisten.

(4) In Streitfällen entscheidet auf Antrag die zuständige Behörde über das Recht zur Benutzung.

Dritter Abschnitt
Verbote und Beschränkungen

-

§ 48 Allgemeine Verbote und Beschränkungen

(1) Unberührt bleiben Rechtsvorschriften, die auf Grundstücken solche Tätigkeiten verbieten oder beschränken, die ihrer Art nach der Aufsuchung oder Gewinnung dienen können, wenn die Grundstücke durch Gesetz oder auf Grund eines Gesetzes einem öffentlichen Zweck gewidmet oder im Interesse eines öffentlichen Zwecks geschützt sind. Bei Anwendung dieser Vorschriften ist dafür Sorge zu tragen, daß die Aufsuchung und Gewinnung so wenig wie möglich beeinträchtigt werden.

(2) In anderen Fällen als denen des Absatzes 1 und des § 15 kann, unbeschadet anderer öffentlich-rechtlicher Vorschriften, die für die Zulassung von Betriebsplänen zuständige Behörde eine Aufsuchung oder eine Gewinnung beschränken oder untersagen, soweit ihr überwiegende öffentliche Interessen entgegenstehen. Soweit die öffentlichen Interessen zugleich den Schutz von Rechten Dritter umfassen, kann die für die Zulassung von Betriebsplänen zuständige Behörde den Plan auslegen, wenn voraussichtlich mehr als 300 Personen betroffen sind oder der Kreis der Betroffenen nicht abschließend bekannt ist. § 73 Abs. 3, 4 und 5 Satz 1 und 2 Nr. 1, 2 und 4 Buchstabe b des Verwaltungsverfahrensgesetzes ist mit der Maßgabe entsprechend anzuwenden, daß an die Stelle der Gemeinde die zuständige Behörde tritt. Verspätet erhobene Einwendungen sind ausgeschlossen. Hierauf ist in der Bekanntmachung hinzuweisen.

-

§ 49 Beschränkung der Aufsuchung auf dem Festlandsockel und innerhalb der Küstengewässer

Im Bereich des Festlandsockels und der Küstengewässer ist die Aufsuchung insoweit unzulässig, als sie

1.
   den Betrieb oder die Wirkung von Schiffahrtsanlagen oder -zeichen,
2.
   das Legen, die Unterhaltung oder den Betrieb von Unterwasserkabeln oder Rohrleitungen sowie ozeanographische oder sonstige wissenschaftliche Forschungen mehr als nach den Umständen unvermeidbar,
3.
   die Benutzung der Schiffahrtswege, die Schiffahrt oder den Fischfang unangemessen
4.
   die Pflanzen- und Tierwelt sowie die Gewässer als Bestandteil des Naturhaushalts unangemessen

beeinträchtigt.

Zweites Kapitel
Anzeige, Betriebsplan

-

§ 50 Anzeige

(1) Der Unternehmer hat der zuständigen Behörde die Errichtung und Aufnahme

1.
eines Aufsuchungsbetriebes,

2.
eines Gewinnungsbetriebes und

3.
eines Aufbereitungsbetriebes
rechtzeitig, spätestens zwei Wochen vor Beginn der beabsichtigten Tätigkeit anzuzeigen; in der Anzeige ist der Tag des Beginns der Errichtung oder der Aufnahme des Betriebes anzugeben. Zum Betrieb gehören auch die in § 2 Abs. 1 bezeichneten Tätigkeiten und Einrichtungen. Die Pflicht zur Anzeige entfällt, wenn ein Betriebsplan nach § 52 eingereicht wird.

(2) Absatz 1 gilt für die Einstellung des Betriebes mit Ausnahme der in § 57 Abs. 1 Satz 1 und Absatz 2 bezeichneten Fälle entsprechend. § 57 Abs. 1 Satz 2 bleibt unberührt.

(3) Unternehmer, deren Betrieb nicht nach § 51 der Betriebsplanpflicht unterliegt, haben der Anzeige über die Errichtung oder die Aufnahme eines Gewinnungsbetriebes einen Abbauplan beizufügen, der alle wesentlichen Einzelheiten der beabsichtigten Gewinnung, insbesondere

1.
die Bezeichnung der Bodenschätze, die gewonnen werden sollen,

2.
eine Karte in geeignetem Maßstab mit genauer Eintragung des Feldes, in dem die Bodenschätze gewonnen werden sollen,

3.
Angaben über das beabsichtigte Arbeitsprogramm, die vorgesehenen Einrichtungen unter und über Tage und über den Zeitplan,

4.
Angaben über Maßnahmen zur Wiedernutzbarmachung der Oberfläche während des Abbaues und über entsprechende Vorsorgemaßnahmen für die Zeit nach Einstellung des Betriebes
enthalten muß. Wesentliche Änderungen des Abbauplanes sind der zuständigen Behörde unverzüglich anzuzeigen.

-

§ 51 Betriebsplanpflicht

(1) Aufsuchungsbetriebe, Gewinnungsbetriebe und Betriebe zur Aufbereitung dürfen nur auf Grund von Plänen (Betriebsplänen) errichtet, geführt und eingestellt werden, die vom Unternehmer aufgestellt und von der zuständigen Behörde zugelassen worden sind. Zum Betrieb gehören auch die in § 2 Abs. 1 bezeichneten Tätigkeiten und Einrichtungen. Die Betriebsplanpflicht gilt auch für die Einstellung im Falle der Rücknahme, des Widerrufs oder der Aufhebung einer Erlaubnis, einer Bewilligung oder eines Bergwerkseigentums sowie im Falle des Erlöschens einer sonstigen Bergbauberechtigung.

(2) Absatz 1 gilt nicht für einen Aufsuchungsbetrieb, in dem weder Vertiefungen in der Oberfläche angelegt noch Verfahren unter Anwendung maschineller Kraft, Arbeiten unter Tage oder mit explosionsgefährlichen oder zum Sprengen bestimmten explosionsfähigen Stoffen durchgeführt werden.

(3) Die zuständige Behörde kann Betriebe von geringer Gefährlichkeit und Bedeutung auf Antrag des Unternehmers ganz oder teilweise oder für einen bestimmten Zeitraum von der Betriebsplanpflicht befreien, wenn der Schutz Beschäftigter und Dritter und das Wiedernutzbarmachen der Oberfläche nach diesem Gesetz und der auf Grund dieses Gesetzes erlassenen Rechtsverordnungen auch ohne Betriebsplanpflicht sichergestellt werden können. Dies gilt nicht für die Errichtung und die Einstellung des Betriebes und für Betriebe im Bereich des Festlandsockels.

-

§ 52 Betriebspläne für die Errichtung und Führung des Betriebes

(1) Für die Errichtung und Führung eines Betriebes sind Hauptbetriebspläne für einen in der Regel zwei Jahre nicht überschreitenden Zeitraum aufzustellen. Eine Unterbrechung des Betriebes für einen Zeitraum bis zu zwei Jahren gilt als Führung des Betriebes, eine längere Unterbrechung nur dann, wenn sie von der zuständigen Behörde genehmigt wird.

(2) Die zuständige Behörde kann verlangen, daß

1.

für einen bestimmten längeren, nach den jeweiligen Umständen bemessenen Zeitraum Rahmenbetriebspläne aufgestellt werden, die allgemeine Angaben über das beabsichtigte Vorhaben, dessen technische Durchführung und voraussichtlichen zeitlichen Ablauf enthalten müssen;

2.

für bestimmte Teile des Betriebes oder für bestimmte Vorhaben Sonderbetriebspläne aufgestellt werden.

(2a) Die Aufstellung eines Rahmenbetriebsplanes ist zu verlangen und für dessen Zulassung ein Planfeststellungsverfahren nach Maßgabe der §§ 57a und 57b durchzuführen, wenn ein Vorhaben nach § 57c einer Umweltverträglichkeitsprüfung bedarf. Die zuständige Behörde soll mit dem Unternehmer auf der Grundlage des Verlangens Gegenstand, Umfang und

Methoden der Umweltverträglichkeitsprüfung sowie sonstige für die Durchführung dieser Prüfung erhebliche Fragen erörtern; hierzu können andere Behörden, Sachverständige und Dritte hinzugezogen werden. Anforderungen eines vorsorgenden Umweltschutzes, die sich bei der Umweltverträglichkeitsprüfung ergeben und über die Zulassungsvoraussetzungen des § 55 sowie der auf das Vorhaben anwendbaren Vorschriften in anderen Gesetzen hinausgehen, sind dabei öffentliche Interessen im Sinne des § 48 Abs. 2.

(2b) Für Vorhaben einschließlich notwendiger Folgemaßnahmen, die wegen ihrer räumlichen Ausdehnung oder zeitlichen Erstreckung in selbständigen Abschnitten oder Stufen durchgeführt werden, kann der Rahmenbetriebsplan nach Absatz 2a Satz 1 entsprechend den Abschnitten oder Stufen aufgestellt und zugelassen werden, es sei denn, daß dadurch die erforderliche Einbeziehung der erheblichen Auswirkungen des gesamten Vorhabens auf die Umwelt ganz oder teilweise unmöglich wird. Für Vorhaben, die einem besonderen Verfahren im Sinne des § 54 Abs. 2 Satz 3 unterliegen, finden Absatz 2a, § 11 Absatz 1 Wasserhaushaltsgesetz und § 17 Absatz 10 Bundesnaturschutzgesetz und entsprechende Vorschriften über Verfahren zur Durchführung der Umweltverträglichkeitsprüfung in anderen Rechtsvorschriften keine Anwendung, wenn in diesem Verfahren die Durchführung einer Umweltverträglichkeitsprüfung gewährleistet ist, die den Anforderungen dieses Gesetzes entspricht. Das Ergebnis dieser Umweltverträglichkeitsprüfung ist bei Zulassungen, Genehmigungen oder sonstigen behördlichen Entscheidungen über die Zulässigkeit des Vorhabens nach Maßgabe der dafür geltenden Vorschriften zu berücksichtigen.

(2c) Die Absätze 2a und 2b gelten auch für die wesentliche Änderung eines Vorhabens im Sinne des Absatzes 2a Satz 1, wenn die Änderung erhebliche Auswirkungen auf die Umwelt haben kann.

(3) Für Arbeiten und Einrichtungen, die von mehreren Unternehmen nach einheitlichen Gesichtspunkten durchgeführt, errichtet oder betrieben werden müssen, haben die beteiligten Unternehmer auf Verlangen der zuständigen Behörde gemeinschaftliche Betriebspläne aufzustellen.

(4) Die Betriebspläne müssen eine Darstellung des Umfanges, der technischen Durchführung und der Dauer des beabsichtigten Vorhabens sowie den Nachweis enthalten, daß die in § 55 Abs. 1 Satz 1 Nr. 1 und 3 bis 13 bezeichneten Voraussetzungen erfüllt sind. Sie können verlängert, ergänzt und abgeändert werden.

(5) Für bestimmte Arbeiten und Einrichtungen, die nach einer auf Grund dieses Gesetzes erlassenen Rechtsverordnung einer besonderen Genehmigung bedürfen oder allgemein zuzulassen sind, kann in Haupt- und Sonderbetriebsplänen an Stelle der nach Absatz 4 Satz 1 erforderlichen Darstellung und Nachweise der Nachweis treten, daß die Genehmigung oder Zulassung vorliegt oder beantragt ist.

-

§ 53 Betriebsplan für die Einstellung des Betriebes, Betriebschronik

(1) Für die Einstellung eines Betriebes ist ein Abschlußbetriebsplan aufzustellen,

der eine genaue Darstellung der technischen Durchführung und der Dauer der beabsichtigten Betriebseinstellung, den Nachweis, daß die in § 55 Abs. 1 Satz 1 Nr. 3 bis 13 und Absatz 2 bezeichneten Voraussetzungen erfüllt sind, und in anderen als den in § 55 Abs. 2 Satz 1 Nr. 3 genannten Fällen auch Angaben über eine Beseitigung der betrieblichen Anlagen und Einrichtungen oder über deren anderweitige Verwendung enthalten muß. Abschlußbetriebspläne können ergänzt und abgeändert werden.

(2) Dem Abschlußbetriebsplan für einen Gewinnungsbetrieb ist eine Betriebschronik in zweifacher Ausfertigung beizufügen. Diese muß enthalten

1.

den Namen des Gewinnungsbetriebes mit Bezeichnung der Gemeinde und des Kreises, in denen der Betrieb liegt,

2.

Name und Anschrift des Unternehmers und, wenn dieser nicht zugleich Inhaber der Gewinnungsberechtigung ist, auch Name und Anschrift des Inhabers dieser Berechtigung,

3.

die Bezeichnung der gewonnenen Bodenschätze nebst vorhandenen chemischen Analysen, bei Kohlen- und Kohlenwasserstoffen unter Angabe des Heizwertes, eine Beschreibung der sonst angetroffenen Bodenschätze unter Angabe der beim Betrieb darüber gewonnenen Kenntnisse sowie Angaben über Erschwerungen des Betriebes in bergtechnischer und sicherheitstechnischer Hinsicht,

4.

die Angaben über den Verwendungszweck der gewonnenen Bodenschätze,

5.

eine Beschreibung der technischen und wirtschaftlichen Betriebsverhältnisse und, soweit ein Grubenbild nicht geführt wurde, eine zeichnerische Darstellung des Betriebes,

6.

die Angaben des Tages der Inbetriebnahme und der Einstellung des Gewinnungsbetriebes sowie der Gründe für die Einstellung,

7.

eine lagerstättenkundliche Beschreibung der Lagerstätte nebst einem Verzeichnis der Vorräte an Bodenschätzen einschließlich der Haldenbestände,

8.

eine Darstellung der Aufbereitungsanlagen (Art, Durchsatzleistung und Ausbringung an Fertigerzeugnissen nebst vorhandenen chemischen Analysen (Angabe des Metallgehaltes in den Abgängen)),

9.

eine Darstellung der Verkehrslage und der für den Abtransport der Verkaufserzeugnisse wesentlichen Verhältnisse des Gewinnungsbetriebes. Satz 1 gilt nicht bei Gewinnungsbetrieben, die in Form von Tagebauen betrieben wurden, es sei denn, daß der Lagerstätte nach Feststellung der zuständigen

Behörde noch eine wirtschaftliche Bedeutung für die Zukunft zukommen kann.

-

§ 54 Zulassungsverfahren

(1) Der Unternehmer hat den Betriebsplan, dessen Verlängerung, Ergänzung oder Abänderung vor Beginn der vorgesehenen Arbeiten zur Zulassung einzureichen.
(2) Wird durch die in einem Betriebsplan vorgesehenen Maßnahmen der Aufgabenbereich anderer Behörden oder der Gemeinden als Planungsträger berührt, so sind diese vor der Zulassung des Betriebsplanes durch die zuständige Behörde zu beteiligen. Die Landesregierungen können durch Rechtsverordnung eine weitergehende Beteiligung der Gemeinden vorschreiben, soweit in einem Betriebsplan Maßnahmen zur Lagerung oder Ablagerung von Bodenschätzen, Nebengestein oder sonstigen Massen vorgesehen sind. Satz 2 gilt nicht bei Gewinnungsbetrieben, die im Rahmen eines Planes geführt werden, in dem insbesondere die Abbaugrenzen und Haldenflächen festgelegt sind und der auf Grund eines Bundes- oder Landesgesetzes in einem besonderen Planungsverfahren genehmigt worden ist.

-

§ 55 Zulassung des Betriebsplanes

(1) Die Zulassung eines Betriebsplanes im Sinne des § 52 ist zu erteilen, wenn

1.

für die im Betriebsplan vorgesehene Aufsuchung oder Gewinnung von Bodenschätzen die erforderliche Berechtigung nachgewiesen ist,

2.

nicht Tatsachen die Annahme rechtfertigen, daß

a)

der Unternehmer, bei juristischen Personen und Personenhandelsgesellschaften eine der nach Gesetz, Satzung oder Gesellschaftsvertrag zur Vertretung berechtigten Personen, die erforderliche Zuverlässigkeit und, falls keine unter Buchstabe b fallende Person bestellt ist, auch die erforderliche Fachkunde oder körperliche Eignung nicht besitzt,

b)

eine der zur Leitung oder Beaufsichtigung des zuzulassenden Betriebes oder Betriebsteiles bestellten Personen die erforderliche Zuverlässigkeit, Fachkunde oder körperliche Eignung nicht besitzt,

3.

die erforderliche Vorsorge gegen Gefahren für Leben, Gesundheit und zum Schutz von Sachgütern, Beschäftigter und Dritter im Betrieb, insbesondere durch die den allgemein anerkannten Regeln der Sicherheitstechnik entsprechenden Maßnahmen, sowie dafür getroffen ist, daß die für die

Errichtung und Durchführung eines Betriebes auf Grund dieses Gesetzes erlassenen oder geltenden Vorschriften und die sonstigen Arbeitsschutzvorschriften eingehalten werden,

4.

keine Beeinträchtigung von Bodenschätzen, deren Schutz im öffentlichen Interesse liegt, eintreten wird,

5.

für den Schutz der Oberfläche im Interesse der persönlichen Sicherheit und des öffentlichen Verkehrs Sorge getragen ist,

6.

die anfallenden Abfälle ordnungsgemäß verwendet oder beseitigt werden,

7.

die erforderliche Vorsorge zur Wiedernutzbarmachung der Oberfläche in dem nach den Umständen gebotenen Ausmaß getroffen ist,

8.

die erforderliche Vorsorge getroffen ist, daß die Sicherheit eines nach den §§ 50 und 51 zulässigerweise bereits geführten Betriebes nicht gefährdet wird,

9.

gemeinschädliche Einwirkungen der Aufsuchung oder Gewinnung nicht zu erwarten sind und

bei einem Betriebsplan für einen Betrieb im Bereich des Festlandsockels oder der Küstengewässer ferner,

10.

der Betrieb und die Wirkung von Schiffahrtsanlagen und -zeichen nicht beeinträchtigt werden,

11.

die Benutzung der Schiffahrtswege und des Luftraumes, die Schiffahrt, der Fischfang und die Pflanzen- und Tierwelt nicht unangemessen beeinträchtigt werden,

12.

das Legen, die Unterhaltung und der Betrieb von Unterwasserkabeln und Rohrleitungen sowie ozeanographische oder sonstige wissenschaftliche Forschungen nicht mehr als nach den Umständen unvermeidbar beeinträchtigt werden und

13.

sichergestellt ist, daß sich die schädigenden Einwirkungen auf das Meer auf ein möglichst geringes Maß beschränken.

Satz 1 Nr. 2 gilt nicht bei Rahmenbetriebsplänen.

(2) Für die Erteilung der Zulassung eines Abschlußbetriebsplanes gilt Absatz 1 Satz 1 Nr. 2 bis 13 mit der Maßgabe entsprechend, daß

1.

der Schutz Dritter vor den durch den Betrieb verursachten Gefahren für Leben und Gesundheit auch noch nach Einstellung des Betriebes sowie

2.

die Wiedernutzbarmachung der Oberfläche in der vom einzustellenden Betrieb in Anspruch genommenen Fläche und

3.

im Bereich des Festlandsockels und der Küstengewässer die vollständige Beseitigung der betrieblichen Einrichtungen bis zum Meeresuntergrund sichergestellt sein müssen. Soll der Betrieb nicht endgültig eingestellt werden, so darf die Erfüllung der in Satz 1 genannten Voraussetzungen nur insoweit verlangt werden, als dadurch die Wiederaufnahme des Betriebes nicht ausgeschlossen wird.

-

§ 56 Form und Inhalt der Zulassung, Sicherheitsleistung

(1) Die Zulassung eines Betriebsplanes bedarf der Schriftform. Die nachträgliche Aufnahme, Änderung oder Ergänzung von Auflagen ist zulässig, wenn sie

1.

für den Unternehmer und für Einrichtungen der von ihm betriebenen Art wirtschaftlich vertretbar und

2.

nach den allgemein anerkannten Regeln der Technik erfüllbar

sind, soweit es zur Sicherstellung der Voraussetzungen nach § 55 Abs. 1 Satz 1 Nr. 2 bis 13 und Absatz 2 erforderlich ist.

(2) Die zuständige Behörde kann die Zulassung von der Leistung einer Sicherheit abhängig machen, soweit diese erforderlich ist, um die Erfüllung der in § 55 Abs. 1 Satz 1 Nr. 3 bis 13 und Absatz 2 genannten Voraussetzungen zu sichern. Der Nachweis einer entsprechenden Versicherung des Unternehmers mit einem im Geltungsbereich dieses Gesetzes zum Geschäftsbetrieb zugelassenen Versicherer darf von der zuständigen Behörde als Sicherheitsleistung nur abgelehnt werden, wenn die Deckungssumme nicht angemessen ist. Über die Freigabe einer gestellten Sicherheit entscheidet die zuständige Behörde.

(3) Die Absätze 1 und 2 gelten für die Verlängerung, Ergänzung oder Änderung eines Betriebsplanes entsprechend.

-

§ 57 Abweichungen von einem zugelassenen Betriebsplan

(1) Kann eine Gefahr für Leben oder Gesundheit Beschäftigter oder Dritter nur durch eine sofortige Abweichung von einem zugelassenen Betriebsplan oder durch sofortige, auf die endgültige Einstellung des Betriebes gerichtete Maßnahmen abgewendet werden, so darf die Abweichung oder die auf die Einstellung gerichtete Maßnahme auf ausdrückliche Anordnung des Unternehmers bereits vor der Zulassung des hierfür erforderlichen Betriebsplanes vorgenommen werden. Der Unternehmer hat der zuständigen Behörde die Anordnung unverzüglich anzuzeigen.

(2) Werden infolge unvorhergesehener Ereignisse zur Abwendung von Gefahren für bedeutende Sachgüter sofortige Abweichungen von einem zugelassenen Betriebsplan erforderlich, so gilt Absatz 1 entsprechend mit der Maßgabe, daß die Sicherheit des Betriebes nicht gefährdet werden darf.

(3) Die Zulassung der infolge der Abweichung erforderlichen Änderung des Betriebsplanes oder des für die Einstellung erforderlichen Betriebsplanes ist unverzüglich zu beantragen.

-

§ 57a Planfeststellungsverfahren, Umweltverträglichkeitsprüfung

(1) Das im Falle des § 52 Abs. 2a durchzuführende Planfeststellungsverfahren tritt an die Stelle des Verfahrens nach den §§ 54 und 56 Abs. 1. Anhörungsbehörde und Planfeststellungsbehörde ist die für die Zulassung von Betriebsplänen zuständige Behörde. Bei Vorhaben im Bereich des Festlandsockels tritt bei der Anwendung der Vorschriften der Verwaltungsverfahrensgesetze über das Planfeststellungsverfahren an die Stelle der Gemeinde die zuständige Behörde; als Bereich, in dem sich das Vorhaben voraussichtlich auswirken wird, gilt der Sitz dieser Behörde.

(2) Der Rahmenbetriebsplan muß den Anforderungen genügen, die sich aus den Voraussetzungen für die Durchführung des Planfeststellungsverfahrens unter Berücksichtigung der Antragserfordernisse für die vom Planfeststellungsbeschluß eingeschlossenen behördlichen Entscheidungen ergeben. Der Rahmenbetriebsplan muß alle für die Umweltverträglichkeitsprüfung bedeutsamen Angaben enthalten, soweit sie nicht schon nach Satz 1 zu machen sind, insbesondere

1.

eine Beschreibung der zu erwartenden erheblichen Auswirkungen des Vorhabens auf die Umwelt unter Berücksichtigung des allgemeinen Kenntnisstandes und der allgemein anerkannten Prüfungsmethoden,

2.

alle sonstigen Angaben, um solche Auswirkungen feststellen und beurteilen zu können, sowie

3.

eine Beschreibung der Maßnahmen, mit denen erhebliche Beeinträchtigungen der Umwelt vermieden, vermindert oder soweit möglich ausgeglichen werden, sowie der Ersatzmaßnahmen bei nicht ausgleichbaren aber vorrangigen Eingriffen in Natur und Landschaft.

Weitere Angaben zur Umwelt und ihren Bestandteilen, Angaben zu geprüften Vorhabenalternativen und über etwaige Schwierigkeiten bei der Angabenzusammenstellung sind erforderlich, soweit

1.

sie in Anbetracht der besonderen Merkmale des Vorhabens und der möglichen Auswirkungen auf die Umwelt von Bedeutung sind und

2.

   ihre Zusammenstellung für den Unternehmer unter Berücksichtigung des
   allgemeinen Kenntnisstandes und der allgemein anerkannten
   Prüfungsmethoden zumutbar ist.
Einzelheiten regelt das Bundesministerium für Wirtschaft und Energie durch
Rechtsverordnung nach § 57c. Der Unternehmer hat dem Rahmenbetriebsplan
einen zur Auslegung geeigneten Plan und eine allgemeinverständliche
Zusammenfassung der beizubringenden Angaben beizufügen.
(3) Verfügen die beteiligten Behörden zu den nach Absatz 2 Satz 2 und 3 zu
machenden Angaben über zweckdienliche Informationen, so unterrichten sie den
Unternehmer und stellen ihm die Informationen auf Verlangen zur Verfügung. Das
gilt insbesondere für Informationen aus einem vorausgegangenen
Raumordnungsverfahren; die dafür zuständige Behörde hat die Unterlagen aus
diesem Verfahren, die für die Umweltverträglichkeitsprüfung von Bedeutung sein
können, der nach Absatz 1 Satz 2 zuständigen Behörde zur Verfügung zu stellen.
(4) Die Entscheidung über die Planfeststellung ist hinsichtlich der
eingeschlossenen Entscheidungen nach Maßgabe der hierfür geltenden
Vorschriften zu treffen. Das Verhältnis zwischen Unternehmer und Betroffenen und
der Schutz von Belangen Dritter im Sinne des Bergrechts bestimmen sich nach
den dafür geltenden Vorschriften dieses Gesetzes; dies gilt auch für eine
Aufhebung des Planfeststellungsbeschlusses. In der Begründung der
Entscheidung ist zur Bewertung der Auswirkungen des Vorhabens auf die Umwelt
eine zusammenfassende Darstellung dieser Auswirkungen aufzunehmen.
(5) Hinsichtlich der vom Vorhaben berührten Belange Dritter und der
Aufgabenbereiche Beteiligter im Sinne des § 54 Abs. 2 erstrecken sich die
Rechtswirkungen der Planfeststellung auch auf die Zulassung und Verlängerung
der zur Durchführung des Rahmenbetriebsplanes erforderlichen Haupt-, Sonder-
und Abschlußbetriebspläne, soweit über die sich darauf beziehenden
Einwendungen entschieden worden ist oder bei rechtzeitiger Geltendmachung
hätte entschieden werden können; Entscheidungen nach § 48 Abs. 2 werden
außer in den in § 48 Abs. 2 Satz 2 genannten Fällen des Schutzes von Rechten
Dritter durch einen Planfeststellungsbeschluß ausgeschlossen.
(6) Bei Vorhaben, die in einem anderen Mitgliedstaat der Europäischen
Gemeinschaften erhebliche Auswirkungen auf die Umwelt haben können, sind die
zuständigen Behörden des anderen Mitgliedstaats wie die im
Planfeststellungsverfahren beteiligten Behörden zu unterrichten. Für
Nachbarstaaten der Bundesrepublik Deutschland, die nicht Mitgliedstaaten der
Europäischen Gemeinschaften sind, gilt unter den Voraussetzungen der
Grundsätze von Gegenseitigkeit und Gleichwertigkeit Satz 1 entsprechend.
Einzelheiten regelt das Bundesministerium für Wirtschaft und Energie durch
Rechtsverordnung nach § 57c.

-

§ 57b Vorzeitiger Beginn, Vorbescheide, Teilgenehmigungen, Vorrang

(1) Die zuständige Behörde kann unter dem Vorbehalt des Widerrufs zulassen, daß bereits vor der Planfeststellung mit der Ausführung des Vorhabens begonnen wird, wenn

1.

mit einer Entscheidung zugunsten des Unternehmers gerechnet werden kann,

2.

eine nicht wiedergutzumachende Beeinträchtigung von Natur und Landschaft nicht zu besorgen ist,

3.

an dem vorzeitigen Beginn ein öffentliches Interesse oder ein berechtigtes Interesse des Unternehmers besteht und

4.

der Unternehmer sich verpflichtet, alle bis zur Entscheidung durch die Ausführung des Vorhabens verursachten Schäden zu ersetzen und, falls das Vorhaben nicht planfestgestellt wird, den früheren Zustand wiederherzustellen.

(2) Vorschriften über Vorbescheide und Teilgenehmigungen, die in anderen Gesetzen für die vom Planfeststellungsbeschluß eingeschlossenen behördlichen Entscheidungen vorgesehen sind, gelten entsprechend mit der Maßgabe, daß

1.

eine Entscheidung auf Grund dieser Vorschriften nur nach Durchführung einer sich auf den Gegenstand von Vorbescheid oder Teilgenehmigung erstreckenden Umweltverträglichkeitsprüfung getroffen werden darf, die die nach dem jeweiligen Planungsstand erkennbaren Umweltauswirkungen des Gesamtvorhaben einbezieht,

2.

eine abschließende Entscheidung im Planfeststellungsbeschluß vorzubehalten und dabei

3.

eine erneute Umweltverträglichkeitsprüfung durchzuführen ist, soweit bisher nicht berücksichtigte, für die Umweltverträglichkeit des Vorhabens bedeutsame Merkmale des Vorhabens vorliegen oder bisher nicht berücksichtigte Umweltauswirkungen erkennbar werden.

(3) Sind für ein Vorhaben nach § 52 Abs. 2a auch nach anderen Vorschriften Planfeststellungsverfahren oder vergleichbare behördliche Entscheidungen vorgesehen, so ist nur das Verfahren nach den §§ 57a bis 57c durchzuführen. In den Fällen des § 126 Abs. 3 hat § 9b des Atomgesetzes Vorrang. Sind für Folgemaßnahmen nach anderen Vorschriften Planfeststellungsverfahren vorgesehen, so ist insoweit das Verfahren nach den anderen Vorschriften durchzuführen.

-

§ 57c Ermächtigung

Das Bundesministerium für Wirtschaft und Energie wird ermächtigt, im Einvernehmen mit dem Bundesministerium für Umwelt, Naturschutz, Bau und Reaktorsicherheit durch Rechtsverordnung mit Zustimmung des Bundesrates Vorschriften darüber zu erlassen,

1.

welche betriebsplanpflichtigen Vorhaben, die erhebliche Auswirkungen auf die Umwelt haben können, unter Beachtung der Rechtsakte des Rates oder der Kommission der Europäischen Gemeinschaften einer Umweltverträglichkeitsprüfung bedürfen,

2.

welche Angaben im einzelnen entscheidungserheblich im Sinne des § 57a Abs. 2 sind, welchen Anforderungen die Angaben genügen müssen und welche Unterlagen dazu beizubringen sind,

3.

unter welchen Voraussetzungen und nach welchem Verfahren die zuständigen Behörden benachbarter Staaten im Rahmen der Umweltverträglichkeitsprüfung beteiligt werden.

In der Rechtsverordnung können für die Bestimmung der Vorhaben nach Satz 1 Nr. 1 auch Gruppen oder Arten von Vorhaben durch Festlegung von Schwellenwerten und anderen Kriterien bestimmt werden.

Drittes Kapitel
Verantwortliche Personen

-

§ 58 Personenkreis

(1) Verantwortlich für die Erfüllung der Pflichten, die sich aus diesem Gesetz, den auf Grund der §§ 65 bis 67 erlassenen oder nach § 176 Abs. 3 aufrechterhaltenen Bergverordnungen, aus Verwaltungsakten und aus zugelassenen Betriebsplänen für die ordnungsgemäße Errichtung, Führung und Einstellung eines Betriebes ergeben (verantwortliche Personen), sind, soweit dieses Gesetz oder eine auf Grund dieses Gesetzes erlassene Rechtsverordnung nichts anderes bestimmt,

1.

der Unternehmer, bei juristischen Personen und Personenhandelsgesellschaften die nach Gesetz, Satzung oder Gesellschaftsvertrag zur Vertretung berechtigten Personen, und

2.

die zur Leitung oder Beaufsichtigung des Betriebes oder eines Betriebsteiles bestellten Personen im Rahmen ihrer Aufgaben und Befugnisse.

(2) Ist der Betrieb eingestellt, so ist verantwortliche Person auch der Inhaber der Aufsuchungs- oder Gewinnungsberechtigung, es sei denn, daß er zur Erfüllung der

in Absatz 1 genannten Pflichten rechtlich nicht in der Lage ist. Ist die Berechtigung zur Aufsuchung oder Gewinnung nach Inkrafttreten dieses Gesetzes erloschen, so tritt an die Stelle des Inhabers dieser Berechtigung die Person, die im Zeitpunkt des Erlöschens Inhaber der Berechtigung war.

-

§ 59 Beschäftigung verantwortlicher Personen

(1) Als verantwortliche Personen im Sinne des § 58 Abs. 1 Nr. 2 dürfen nur Personen beschäftigt werden, die die zur Erfüllung ihrer Aufgaben und Befugnisse erforderliche Zuverlässigkeit, Fachkunde und körperliche Eignung besitzen.
(2) Verantwortliche Personen im Sinne des § 58 Abs. 1 Nr. 2 sind in einer für die planmäßige und sichere Führung des Betriebes erforderlichen Anzahl zu bestellen. Die Aufgaben und Befugnisse der verantwortlichen Personen sind eindeutig und lückenlos festzusetzen sowie so aufeinander abzustimmen, daß eine geordnete Zusammenarbeit gewährleistet ist.

-

§ 60 Form der Bestellung und Abberufung verantwortlicher Personen, Namhaftmachung

(1) Die Bestellung und Abberufung verantwortlicher Personen sind schriftlich zu erklären. In Fällen, die nach § 57 Abs. 1 Satz 1 und Absatz 2 eine Abweichung von einem zugelassenen Betriebsplan rechtfertigen, kann die Erklärung auch mündlich erfolgen; sie ist unverzüglich schriftlich zu bestätigen. In der Bestellung sind die Aufgaben und Befugnisse genau zu beschreiben; die Befugnisse müssen den Aufgaben entsprechen.
(2) Die verantwortlichen Personen sind unter Angabe ihrer Stellung im Betrieb und ihrer Vorbildung der zuständigen Behörde unverzüglich nach der Bestellung namhaft zu machen. Die Änderung der Stellung im Betrieb und das Ausscheiden verantwortlicher Personen sind der zuständigen Behörde unverzüglich anzuzeigen.

-

§ 61 Allgemeine Pflichten

(1) Der Unternehmer ist für die ordnungsgemäße Leitung des Betriebes verantwortlich; ihm obliegt die Sicherheit und Ordnung im Betrieb. Er ist verpflichtet,

1.

  für die ordnungsgemäße Errichtung des Betriebes und den ordnungsgemäßen Betriebsablauf zu sorgen, insbesondere
  a)

    unter Beachtung der allgemein anerkannten sicherheitstechnischen, arbeitsmedizinischen und arbeitshygienischen Regeln sowie der sonstigen gesicherten arbeitswissenschaftlichen Erkenntnisse die erforderlichen Maßnahmen und Vorkehrungen zu treffen, um Beschäftigte und Dritte vor Gefahren für Leben, Gesundheit und Sachgüter zu schützen, soweit die Eigenart des Betriebes dies zuläßt,

b)

durch innerbetriebliche Anordnungen sicherzustellen, daß die verantwortlichen Personen ihre Aufgaben erfüllen und ihre Befugnisse wahrnehmen können,

2.

bei Zuständen oder Ereignissen im Betrieb, die eine unmittelbare Gefahr für Leben oder Gesundheit Beschäftigter oder Dritter herbeizuführen geeignet sind oder herbeigeführt haben, die zur Abwehr der Gefahr oder zur Rettung von Verunglückten geeigneten Maßnahmen zu treffen,

3.

bei Zuständen oder Ereignissen im Sinne der Nummer 2 in benachbarten Betrieben anderer Unternehmen im Rahmen seiner Möglichkeiten die erforderliche sachkundige Hilfe durch Einsatz eigener Beschäftigter und Geräte zu leisten.

(2) Der Unternehmer ist ferner verpflichtet, den verantwortlichen Personen von allen die Errichtung, Führung oder Einstellung des Betriebes betreffenden Verwaltungsakten einschließlich der dazugehörigen Unterlagen unverzüglich insoweit Kenntnis zu geben, als deren Aufgaben und Befugnisse betroffen werden. Er hat dafür zu sorgen, daß Betriebspläne und deren Zulassung von den verantwortlichen Personen jederzeit eingesehen werden können.

-

§ 62 Übertragbarkeit bestimmter Pflichten und Befugnisse

Der Unternehmer kann

1.

die sich aus § 51 Abs. 1, §§ 52, 54 Abs. 1, § 57 Abs. 1 Satz 2 und Absatz 2, § 61 Abs. 1 Satz 1 2. Halbsatz, Satz 2 und Absatz 2 sowie § 74 Abs. 3 ergebenden Pflichten sowie

2.

die sich aus § 57 Abs. 1 und 2 sowie aus dieser Vorschrift ergebenden Befugnisse

auf verantwortliche Personen übertragen. Die Pflichten des Unternehmers nach § 61 Abs. 1 Satz 1 zweiter Halbsatz und Satz 2 bleiben bestehen, auch wenn verantwortliche Personen bestellt worden sind.

Viertes Kapitel
Sonstige Bestimmungen für den Betrieb

-

§ 63 Rißwerk

(1) Der Unternehmer hat für jeden Gewinnungsbetrieb und untertägigen Aufsuchungsbetrieb ein Rißwerk in zwei Stücken anfertigen und in den durch Rechtsverordnung nach § 67 vorgeschriebenen Zeitabständen nachtragen zu lassen. Für Aufsuchungsbetriebe über Tage gilt dies nur, soweit es durch Rechtsverordnung nach § 67 vorgeschrieben wird. Durch Rechtsverordnung nach § 67 können Ausnahmen von Satz 1 zugelassen werden, wenn es sich um Betriebe von geringer Gefährlichkeit und Bedeutung handelt, die Aufsuchung oder Gewinnung einen geringen Umfang hat und das Wiedernutzbarmachen der Oberfläche nach den Vorschriften dieses Gesetzes und auf Grund dieses Gesetzes erlassenen oder aufrechterhaltenen Vorschriften auch ohne Rißwerk sichergestellt werden kann.
(2) Zum Rißwerk zählen

1.
    das Grubenbild und
2.
    sonstige Unterlagen wie Risse, Karten und Pläne.
Inhalt und Form des Rißwerkes sowie die nach Art des Betriebes erforderlichen Unterlagen im Sinne des Satzes 1 Nr. 2 ergeben sich aus einer Rechtsverordnung nach § 67.
(3) Ein Stück des Rißwerkes ist der zuständigen Behörde einzureichen, das andere an einem geeigneten Ort im Betrieb oder in dessen Nähe aufzubewahren. Mit Zustimmung der zuständigen Behörde kann von der Einreichung der in Absatz 2 Satz 1 Nr. 2 genannten Unterlagen abgesehen werden.
(4) Wer der zuständigen Behörde gegenüber glaubhaft macht, daß er von einem Bergschaden betroffen sein kann, ist zur Einsichtnahme in den entsprechenden Teil des bei der Behörde befindlichen Stückes des Grubenbildes berechtigt. Dem Unternehmer ist Gelegenheit zu geben, bei der Einsichtnahme zugegen zu sein.

-

§ 64 Markscheider

(1) Das für untertägige Aufsuchungs- oder Gewinnungsbetriebe vorgeschriebene Rißwerk muß von einem von der zuständigen Behörde anerkannten Markscheider angefertigt und nachgetragen werden. Für andere Betriebe vorgeschriebene sonstige Unterlagen im Sinne des § 63 Abs. 2 Satz 1 Nr. 2 können auch von anderen Personen, die von der zuständigen Behörde dafür anerkannt sind, angefertigt und nachgetragen werden.
(2) Die Markscheider sind bei Anwendung ihrer Fachkunde weisungsfrei. Der Markscheider ist befugt, innerhalb seines Geschäftskreises Tatsachen mit öffentlichem Glauben zu beurkunden.
(3) Die Länder können Vorschriften über die Voraussetzungen erlassen, unter denen eine Person als Markscheider tätig werden kann.

Vierter Teil
Ermächtigungen zum Erlaß von Bergverordnungen

§ 65 Anzeige, Genehmigung, allgemeine Zulassung, Prüfung

Zum Schutze der in § 55 Abs. 1 Satz 1 Nr. 3 und 4 bezeichneten Rechtsgüter und Belange kann, soweit im Hinblick auf eine ordnungsgemäße und sichere Führung der Betriebe eine Vereinfachung oder Entlastung bei der Zulassung von Betriebsplänen notwendig oder zweckmäßig ist, durch Rechtsverordnung (Bergverordnung) bestimmt werden,

1.
    daß bestimmte Arbeiten sowie die Errichtung, Herstellung und Inbetriebnahme bestimmter Einrichtungen, die Vornahme von Änderungen und sonstige sie betreffende Umstände anzuzeigen und welche Unterlagen den Anzeigen beizufügen sind,

2.
    daß bestimmte Arbeiten sowie die Errichtung oder Herstellung bestimmter Einrichtungen, ihr Betrieb und die Vornahme von Änderungen unter Befreiung von der Betriebsplanpflicht einer Genehmigung bedürfen,

3.
    daß nach einer Bauart- oder Eignungsprüfung durch eine in der Bergverordnung zu bezeichnende Stelle oder durch einen von der zuständigen Behörde anerkannten Sachverständigen bestimmte Einrichtungen und Stoffe allgemein zugelassen werden können, welche Anzeigen bei allgemeiner Zulassung zu erstatten und welche Unterlagen diesen Anzeigen beizufügen sind,

4.
    daß bestimmte Einrichtungen einer Prüfung oder Abnahme vor ihrer Inbetriebnahme und nach Instandsetzung, regelmäßig wiederkehrenden Prüfungen und Prüfungen auf Grund einer Anordnung der zuständigen Behörde durch eine in der Bergverordnung zu bezeichnende Stelle, durch eine besonders zu bestimmende verantwortliche Person oder durch einen von der zuständigen Behörde anerkannten Sachverständigen unterliegen,

5.
    daß Genehmigungen und allgemeine Zulassungen im Sinne der Nummern 2 und 3 von bestimmten persönlichen und sachlichen Voraussetzungen abhängig zu machen sind,

6.
    daß die Anerkennung einer Person oder Stelle als Sachverständiger im Sinne der Nummern 3 und 4 von bestimmten persönlichen und sachlichen Voraussetzungen abhängig zu machen, insbesondere welche Anforderungen an die Ausbildung, die beruflichen Kenntnisse und Fähigkeiten, an Zuverlässigkeit und Unparteilichkeit zu stellen sind und welche

Voraussetzungen im Hinblick auf die technische Ausstattung und auf die Zusammenarbeit verschiedener Sachverständiger oder Stellen erfüllt werden müssen. Zur Durchführung von Rechtsakten des Rats oder der Kommission der Europäischen Gemeinschaften können durch Rechtsverordnung (Bergverordnung) für Einrichtungen und Stoffe über Satz 1 hinaus und auch zum Schutz anderer als der dort genannten Rechtsgüter sicherheitstechnische Beschaffenheitsanforderungen und sonstige Voraussetzungen des Inverkehrbringens und der bestimmungsgemäßen Verwendung, insbesondere Prüfungen, Produktionsüberwachung, Bescheinigungen, Kennzeichnung, Aufbewahrungs- und Mitteilungspflichten, sowie behördliche Maßnahmen geregelt werden.

-

§ 66 Schutzmaßnahmen, Wiedernutzbarmachung, Fachkunde

Zum Schutze der Beschäftigten und Dritter vor Gefahren im Betrieb und zur Wahrung der in § 55 Abs. 1 Satz 1 Nr. 2 bis 13 und Absatz 2 bezeichneten Rechtsgüter und Belange kann durch Rechtsverordnung (Bergverordnung) bestimmt werden,

1.

daß Einrichtungen der in § 2 Abs. 1 Nr. 3 genannten Art hinsichtlich

a)

der Wahl des Standortes und

b)

der Errichtung, Ausstattung, Unterhaltung und des Betriebes bestimmten Anforderungen genügen müssen,

2.

welche Anforderungen an Aufsuchungs-, Gewinnungs- und Aufbereitungsverfahren zu stellen sind,

3.

daß und welche Sicherheitszonen im Bereich des Festlandsockels und der Küstengewässer um Betriebe zu errichten, wie sie anzulegen, einzurichten und zu kennzeichnen sind,

4.

daß

a)

die Beschäftigung bestimmter Personengruppen mit bestimmten Arbeiten nicht oder nur unter Einschränkungen zulässig ist,

b)

die Beschäftigung an bestimmten Betriebspunkten unter Tage eine bestimmte Höchstdauer nicht überschreiten darf,

c)

ein arbeitsmedizinischer Dienst einzurichten ist und welche Aufgaben er wahrzunehmen hat,

d)

die Beschäftigung von Personen mit Arbeiten unter oder über Tage nur nach Maßgabe einer Bescheinigung eines mit den Arbeitsbedingungen im Bergbau vertrauten Arztes erfolgen darf, daß, in welchem Umfange und in welchen Zeitabständen Nachuntersuchungen bei diesen Personen und bei einer Änderung der Tätigkeit von Beschäftigten durchzuführen sind und daß für die Aufzeichnung der Untersuchungsbefunde und Bescheinigungen bestimmte Vordrucke zu verwenden sind,

e)

Aufwendungen für die ärztlichen Untersuchungen nach Buchstabe d, soweit sie nicht von Sozialversicherungsträgern übernommen werden, von dem Unternehmer zu tragen sind, in dessen Betrieb die untersuchte Person beschäftigt werden soll oder beschäftigt ist,

5.

welche Maßnahmen verantwortliche Personen in Erfüllung der sich aus § 61 ergebenden Pflichten zu treffen haben, insbesondere

a)

welche Vorsorge- und Überwachungsmaßnahmen im Hinblick auf die Regelung eines den zugelassenen Betriebsplänen entsprechenden Arbeitsablaufs zu treffen sind,

b)

daß die Beschäftigten vor Beginn der Beschäftigung über die Unfall- und Gesundheitsgefahren, denen sie bei der Beschäftigung ausgesetzt sind, sowie über die Schutzeinrichtungen und Maßnahmen zur Abwendung dieser Gefahren zu belehren und in welchen Zeitabständen die Belehrungen zu wiederholen sind,

6.

daß ein sicherheitstechnischer Dienst einzurichten ist und welche sonstigen Vorsorge- und Überwachungsmaßnahmen zum Schutz der Beschäftigten und Dritter im Betrieb zu treffen sind und wie sich diese Personen im Betrieb zur Vermeidung von Gefahren zu verhalten haben,

7.

welche Vorkehrungen und Maßnahmen bei und nach Einstellung eines Betriebes zur Verhütung von Gefahren für Leben und Gesundheit Dritter zu treffen sind,

8.

welche Vorsorge- und Durchführungsmaßnahmen zur Wiedernutzbarmachung der Oberfläche während und nach der Aufsuchung, Gewinnung und Aufbereitung zu treffen und welche Anforderungen an diese Maßnahmen zu stellen sind,

9.

welche fachlichen Anforderungen an die technischen und rechtlichen Kenntnisse (Fachkunde) bestimmter verantwortlicher Personen nach der Art der ihnen zu übertragenden Aufgaben und Befugnisse unter Berücksichtigung des jeweiligen Standes der Technik gestellt werden müssen, welche Nachweise hierüber zu erbringen sind und auf welche Weise die zuständige Behörde das Vorliegen der erforderlichen Fachkunde zu prüfen hat,

10.
daß

a)
die Verantwortung für die Erfüllung bestimmter Pflichten auch anderen als den in § 58 Abs. 1 bezeichneten Personen übertragen werden kann,

b)
mit der Durchführung bestimmter gefährlicher Arbeiten oder mit besonderer Verantwortung verbundener Tätigkeiten nur Personen betraut werden dürfen,

die den hierfür in der Bergverordnung festgesetzten persönlichen und fachlichen Anforderungen genügen, welche Nachweise hierüber zu erbringen sind und auf welche Weise die zuständige Behörde das Vorliegen der festgesetzten Anforderungen zu prüfen hat,

11.
unter welchen Voraussetzungen und in welcher Weise die aus Anzeigen nach § 74 gewonnenen Erkenntnisse, ausgenommen Einzelangaben über persönliche und sachliche Verhältnisse, zum Zwecke der Verbesserung der Sicherheit und Unfallverhütung durch in der Bergverordnung zu bezeichnende Stellen veröffentlicht werden dürfen.

Die Regelung über Sicherheitszonen (Satz 1 Nr. 3) läßt § 27 des Bundeswasserstraßengesetzes vom 2. April 1968 (BGBl. II S. 173), zuletzt geändert durch *Artikel 5 des Gesetzes vom 10. Mai 1978 (BGBl. I S. 613),* und § 9 des Gesetzes über die Aufgaben des Bundes auf dem Gebiet der Seeschiffahrt vom 24. Mai 1965 (BGBl. II S. 833) in der Fassung der Bekanntmachung vom 30. Juni 1977 (BGBl. I S. 1314), *geändert durch Artikel 1 des Gesetzes vom 10. Mai 1978 (BGBl. I S. 613),* unberührt. Rechtsverordnungen (Bergverordnungen) können gemäß Satz 1 auch erlassen werden, soweit dies zur Durchführung von Rechtsakten des Rates oder der Kommission der Europäischen Gemeinschaften oder von Beschlüssen internationaler Organisationen oder von zwischenstaatlichen Vereinbarungen, die Gegenstände dieses Gesetzes betreffen, erforderlich ist; durch solche Rechtsverordnungen können auch anderen Personen als Unternehmern und Beschäftigten Pflichten auferlegt werden.

-

§ 67 Technische und statistische Unterlagen, Markscheidewesen

Soweit es zur Durchführung der Bergaufsicht, der Vorschriften über Erteilung, Verleihung und Aufrechterhaltung von Bergbauberechtigungen und zum Schutze der in § 11 Nr. 8 und 9 oder § 66 genannten Rechtsgüter und Belange erforderlich ist, kann durch Rechtsverordnung (Bergverordnung) bestimmt werden,

1.

daß bestimmte rißliche und sonstige zeichnerische Darstellungen über Tätigkeiten im Sinne des § 2 Abs. 1 Nr. 1 und 2 und über Einrichtungen im Sinne des § 2 Abs. 1 Nr. 3 einzureichen und nachzutragen, daß bestimmte Listen, Bücher und Statistiken über Beschäftigte und betriebliche Vorgänge zu führen und vorzulegen, Anzeigen zu erstatten und den Anzeigen bestimmte Unterlagen beizufügen sind,

2.

unter welchen Voraussetzungen eine Person im Sinne des § 64 Abs. 1 Satz 2 anerkannt werden kann,

3.

welche Anforderungen an die Geschäftsführung von Markscheidern einschließlich der technischen Ausstattung zu stellen sind,

4.

welchen Anforderungen markscheiderische und sonstige vermessungstechnische Arbeiten genügen müssen,

5.

welche Risse, Karten, Pläne und Unterlagen zum Rißwerk gehören und in welchen Zeitabständen das Rißwerk nachzutragen ist,

6.

für welche Arten von Betrieben unter welchen Voraussetzungen der Unternehmer zur Anfertigung eines Rißwerks verpflichtet ist,

7.

in welcher Weise der Bereich festzulegen ist, in dem durch einen Gewinnungsbetrieb auf die Oberfläche eingewirkt werken kann (Einwirkungsbereich),

8.

daß und für welchen Zeitraum die Unterlagen, Darstellungen, Listen, Bücher und Statistiken aufzubewahren sind.

-

§ 68 Erlaß von Bergverordnungen

(1) Bergverordnungen auf Grund der §§ 65 bis 67 werden, soweit sich aus Absatz 2 nichts anderes ergibt, von den Landesregierungen erlassen. Diese können die Ermächtigung durch Rechtsverordnung auf andere Stellen übertragen.

(2) Das Bundesministerium für Wirtschaft und Energie erläßt Bergverordnungen,

1.

soweit sie auf Grund des § 65 Satz 1 Nr. 3, 6 und 5 in Verbindung mit Nr. 3, des § 65 Satz 2, des § 66 Satz 1 Nr. 4 Buchstabe a, b, d und e und des § 67 ergehen,

2.

soweit sie Tätigkeiten im Sinne des § 2 im Bereich des Festlandsockels betreffen und

3.

soweit für gleichartige Verhältnisse der Schutz der in den §§ 65 bis 67 bezeichneten Rechtsgüter und Belange durch Bergverordnungen nach Absatz 1 nicht gleichwertig sichergestellt wird oder soweit Rechtsakte des Rates oder der Kommission der Europäischen Gemeinschaften oder Beschlüsse internationaler Organisationen oder zwischenstaatliche Vereinbarungen, die Gegenstände dieses Gesetzes betreffen, durchgeführt werden.

(3) Bergverordnungen nach Absatz 2 ergehen mit Zustimmung des Bundesrates und

1.

Bergverordnungen auf Grund der §§ 65 und 66 Satz 1 Nr. 1, 2, 4 bis 7, 9 und 10 und Satz 3 im Einvernehmen mit dem Bundesministerium für Arbeit und Soziales, soweit sie Fragen des Arbeitsschutzes betreffen,

2.

Bergverordnungen auf Grund des § 66 Satz 1 Nr. 1 Buchstabe a und Nr. 8 im Einvernehmen mit den Bundesministerien für Umwelt, Naturschutz, Bau und Reaktorsicherheit und für Verkehr und digitale Infrastruktur,

3.

Bergverordnungen auf Grund des § 66 Satz 1 Nr. 3 sowie alle anderen Bergverordnungen, soweit sie Tätigkeiten im Sinne des § 2 Abs. 1 im Bereich des Festlandsockels und der Küstengewässer betreffen, im Einvernehmen mit dem Bundesministerium für Verkehr und digitale Infrastruktur.

(4) In den Bergverordnungen kann wegen technischer Anforderungen auf Bekanntmachungen sachverständiger Stellen unter Angabe der Fundstelle verwiesen werden.

<u>Fünfter Teil</u>
<u>Bergaufsicht</u>

-

§ 69 Allgemeine Aufsicht

(1) Der Bergbau unterliegt der Aufsicht durch die zuständige Behörde (Bergaufsicht).

(2) Die Bergaufsicht endet nach der Durchführung des Abschlußbetriebsplanes (§ 53) oder entsprechender Anordnungen der zuständigen Behörde (§ 71 Abs. 3) zu dem Zeitpunkt, in dem nach allgemeiner Erfahrung nicht mehr damit zu rechnen ist, daß durch den Betrieb Gefahren für Leben und Gesundheit Dritter, für andere Bergbaubetriebe und für Lagerstätten, deren Schutz im öffentlichen Interesse liegt, oder gemeinschädliche Einwirkungen eintreten werden.

(3) Der Aufsicht der zuständigen Behörde unterliegen die Markscheider und die Ausführung der markscheiderischen Arbeiten im Sinne des § 64 Abs. 1.

-

§ 70 Allgemeine Aufsichtsbefugnisse, Auskunfts- und Duldungspflichten

(1) Wer zur Aufsuchung oder Gewinnung von bergfreien oder grundeigenen Bodenschätzen berechtigt ist, ferner die verantwortlichen Personen, die in § 64 Abs. 1 bezeichneten und die dem arbeitsmedizinischen oder sicherheitstechnischen Dienst angehörenden sowie die unter § 66 Satz 1 Nr. 10 fallenden Personen (Auskunftspflichtige) haben der zuständigen Behörde die zur Durchführung der Bergaufsicht erforderlichen Auskünfte zu erteilen und Unterlagen vorzulegen.

(2) Die von der zuständigen Behörde mit der Aufsicht beauftragten Personen (Beauftragte) sind befugt, Betriebsgrundstücke, Geschäftsräume und Einrichtungen des Auskunftspflichtigen sowie Wasserfahrzeuge, die der Unterhaltung oder dem Betrieb von Einrichtungen im Bereich des Festlandsockels dienen oder zu dienen bestimmt sind, zu betreten, dort Prüfungen vorzunehmen, Befahrungen durchzuführen und gegen Empfangsbescheinigung auf Kosten des Unternehmers Proben zu entnehmen sowie die geschäftlichen und betrieblichen Unterlagen des Auskunftspflichtigen einzusehen. Zur Verhütung dringender Gefahren für die öffentliche Sicherheit und Ordnung dürfen die genannten Grundstücke und Räumlichkeiten auch außerhalb der üblichen Arbeits- und Betriebszeiten und auch dann betreten werden, wenn sie zugleich Wohnzwecken dienen; das Grundrecht der Unverletzlichkeit der Wohnung (Artikel 13 des Grundgesetzes) wird insoweit eingeschränkt. Die Beauftragten sind, soweit der Unternehmer nicht ausdrücklich darauf verzichtet, verpflichtet, einen Teil der Probe amtlich verschlossen oder versiegelt zurückzulassen; sie sind berechtigt, Gegenstände vorübergehend sicherzustellen, soweit dies zur Überprüfung von Unfallursachen notwendig ist oder soweit in diesem Zusammenhang die Erlangung neuer Erkenntnisse zur Unfallverhütung zu erwarten ist. Die Auskunftspflichtigen haben die Maßnahmen nach den Sätzen 1 und 2 zu dulden. Sie sind bei Befahrungen verpflichtet, die Beauftragten auf Verlangen zu begleiten.

(3) Der Auskunftspflichtige kann die Auskunft auf solche Fragen verweigern, deren Beantwortung ihn selbst oder einen der in § 383 Abs. 1 Nr. 1 bis 3 der Zivilprozeßordnung bezeichneten Angehörigen der Gefahr strafgerichtlicher Verfolgung oder eines Verfahrens nach dem Gesetz über Ordnungswidrigkeiten aussetzen würde.

(4) Die Absätze 1 bis 3 gelten auch für Personen, bei denen Tatsachen die Annahme rechtfertigen, daß sie eine der in § 2 Abs. 1 Nr. 1 bezeichneten Tätigkeiten ohne die erforderliche Berechtigung ausüben oder ausgeübt haben.

-

§ 71 Allgemeine Anordnungsbefugnis

(1) Die zuständige Behörde kann im Einzelfall anordnen, welche Maßnahmen zur Durchführung der Vorschriften dieses Gesetzes, der auf Grund dieses Gesetzes erlassenen und der nach § 176 Abs. 3 aufrechterhaltenen Rechtsverordnungen zu treffen sind. Dabei können Anordnungen, die über die auf Grund einer

Rechtsverordnung oder eines zugelassenen Betriebsplans gestellten Anforderungen hinausgehen, nur getroffen werden, soweit dies zum Schutz von Leben, Gesundheit und Sachgütern Beschäftigter oder Dritter erforderlich ist.
(2) Führt ein Zustand, der diesem Gesetz, einer auf Grund dieses Gesetzes erlassenen Rechtsverordnung, einem zugelassenen Betriebsplan, einer Nebenbestimmung der Zulassung, einer nachträglichen Auflage oder einer Anordnung nach Absatz 1 widerspricht, eine unmittelbare Gefahr für Beschäftigte oder Dritte herbei, so kann die zuständige Behörde anordnen, daß der Betrieb bis zur Herstellung des ordnungsgemäßen Zustandes vorläufig ganz oder teilweise eingestellt wird, soweit sich die Gefahr auf andere Weise nicht abwenden läßt oder die Einstellung zur Aufklärung der Ursachen der Gefahr unerläßlich ist. § 51 Abs. 1 gilt nicht.
(3) Im Falle der Einstellung des Betriebes ohne zugelassenen Abschlußbetriebsplan kann die zuständige Behörde die erforderlichen Maßnahmen anordnen, um die Erfüllung der in § 55 Abs. 2 bezeichneten Voraussetzungen sicherzustellen.

-

§ 72 Verhinderung unerlaubter Tätigkeiten, Sicherstellung

(1) Wird die Aufsuchung oder Gewinnung bergfreier Bodenschätze ohne die erforderliche Berechtigung ausgeübt oder wird ein Betrieb ohne die nach § 51 notwendigen und zugelassenen Betriebspläne oder ohne eine Genehmigung, allgemeine Zulassung oder Prüfung durchgeführt, die nach den Vorschriften der auf Grund dieses Gesetzes erlassenen oder aufrechterhaltenen Rechtsverordnungen erforderlich ist, so kann die zuständige Behörde die Fortsetzung der Tätigkeit untersagen. Im Bereich des Festlandsockels und der Küstengewässer ist im Falle der Untersagung die Beseitigung der Einrichtungen anzuordnen, die der Ausübung der Tätigkeit zu dienen bestimmt sind.
(2) Die zuständige Behörde kann explosionsgefährliche und zum Sprengen bestimmte explosionsfähige Stoffe, Zündmittel, Sprengzubehör sowie sonstige Gegenstände sicherstellen und verwerten, wenn diese Gegenstände zur Verwendung in den der Bergaufsicht unterliegenden Betrieben nicht zugelassen sind oder wenn es erforderlich ist, um ihre unbefugte Verwendung zu verhindern. Der Erlös aus der Verwertung tritt an die Stelle der sichergestellten Gegenstände.

-

§ 73 Untersagung der Beschäftigung verantwortlicher Personen

(1) Die zuständige Behörde kann dem Unternehmer die Beschäftigung einer der in § 58 Abs. 1 Nr. 2 genannten verantwortlichen Personen in dem ihr übertragenen Aufgabenbereich untersagen, wenn
1.
    diese Person vorsätzlich oder grob fahrlässig gegen Pflichten verstoßen hat,

für deren Erfüllung sie verantwortlich ist, und dieses Verhalten trotz Verwarnung durch die zuständige Behörde fortsetzt oder sonst Tatsachen die Annahme rechtfertigen, daß die Person die erforderliche Zuverlässigkeit nicht besitzt,

2.

Tatsachen die Annahme rechtfertigen, daß die Person die erforderliche Fachkunde oder körperliche Eignung nicht besitzt.

Kommt der Unternehmer einer Anordnung nach Satz 1 nicht nach, so kann die zuständige Behörde die Fortführung des Betriebes bis zur Befolgung der Anordnung untersagen.

(2) Liegen Tatsachen vor, die die Annahme rechtfertigen, daß der Unternehmer die zur Gewährleistung von Sicherheit und Ordnung im Betrieb erforderliche Zuverlässigkeit oder Fachkunde nicht besitzt, so kann die zuständige Behörde die Fortführung des Betriebes bis zur Bestellung einer mit der Gesamtleitung beauftragten verantwortlichen Person untersagen und, wenn der Unternehmer der Untersagung nicht nachkommt, verhindern. Dies gilt entsprechend, wenn bei juristischen Personen und Personenhandelsgesellschaften die Voraussetzungen des Satzes 1 bei einer der nach Gesetz, Satzung oder Gesellschaftsvertrag zur Vertretung berechtigten Person vorliegen.

-

§ 74 Hilfeleistung, Anzeigepflicht

(1) Bei Betriebsereignissen, die eine Gefahr für Beschäftigte oder Dritte herbeigeführt haben oder herbeizuführen geeignet sind, kann die zuständige Behörde, soweit erforderlich, die zur Abwehr der Gefahr oder zur Rettung Verunglückter oder gefährdeter Personen notwendigen Maßnahmen anordnen.

(2) Der Unternehmer und auf Verlangen der zuständigen Behörden auch die Unternehmer anderer bergbaulicher Betriebe haben unverzüglich die zur Ausführung der nach Absatz 1 angeordneten Maßnahmen erforderlichen Arbeitskräfte, Geräte und Hilfsmittel zur Verfügung zu stellen. Aufwendungen, die den Unternehmern anderer bergbaulicher Betriebe entstehen, hat der Unternehmer zu tragen, in dessen Betrieb die zur Verfügung gestellten Arbeitskräfte, Geräte und Hilfsmittel eingesetzt worden sind.

(3) Der Unternehmer hat der zuständigen Behörde

1.

Betriebsereignisse, die den Tod oder die schwere Verletzung einer oder mehrerer Personen herbeigeführt haben oder herbeiführen können, und

2.

Betriebsereignisse, deren Kenntnis für die Verhütung oder Beseitigung von Gefahren für Leben und Gesundheit der Beschäftigten oder Dritter oder für den Betrieb von besonderer Bedeutung ist,

unverzüglich anzuzeigen.

Sechster Teil
Berechtsamsbuch, Berechtsamskarte

-

§ 75 Anlegung und Führung des Berechtsamsbuchs und der Berechtsamskarte

(1) Bei der zuständigen Behörde werden ein Berechtsamsbuch und eine Berechtsamskarte angelegt und geführt.

(2) In das Berechtsamsbuch sind einzutragen

1.
Erlaubnisse, Bewilligungen, Bergwerkseigentum und nach § 149 aufrechterhaltene Bergbauberechtigungen,

2.
Änderungen der in Nummer 1 genannten Bergbauberechtigungen durch Vereinigung, Teilung, Austausch oder Zulegung.

(3) In der Berechtsamskarte sind einzutragen

1.
die Felder, auf sie sich die in Absatz 2 Nr. 1 genannten Bergbauberechtigungen beziehen,

2.
die Veränderungen der Felder, die sich aus den in Absatz 2 Nr. 2 genannten Änderungen ergeben,

3.
Baubeschränkungsgebiete.

(4) Die Eintragungen in das Berechtsamsbuch und die Berechtsamskarte werden von Amts wegen vorgenommen.

(5) Erloschene Bergbauberechtigungen sind im Berechtsamsbuch zu löschen. Auf der Berechtsamskarte ist das Erlöschen in geeigneter Weise zu kennzeichnen.

-

§ 76 Einsicht

(1) Die Einsicht in das Berechtsamsbuch, in die Berechtsamskarte und in Urkunden, auf die in der Eintragung Bezug genommen wird, ist jedem gestattet, der ein berechtigtes Interesse darlegt. Ausgenommen sind Urkunden, die Geschäfts- oder Betriebsgeheimnisse enthalten.

(2) Soweit die Einsicht gestattet ist, können Auszüge gefordert werden, die auf Verlangen zu beglaubigen sind.

Siebenter Teil
Bergbau und Grundbesitz, Öffentliche Verkehrsanlagen

Erstes Kapitel
Grundabtretung

Erster Abschnitt
Zulässigkeit und Voraussetzungen der Grundabtretung

-

§ 77 Zweck der Grundabtretung

(1) Nach den Vorschriften dieses Kapitels kann auf Antrag des Unternehmers eine Grundabtretung durchgeführt werden, soweit für die Errichtung oder Führung eines Gewinnungsbetriebes oder Aufbereitungsbetriebes einschließlich der dazugehörigen, in § 2 Abs. 1 Nr. 1 bis 3 bezeichneten Tätigkeiten und Einrichtungen die Benutzung eines Grundstücks notwendig ist.
(2) Die Benutzung ist insbesondere dann notwendig, wenn das Vorhaben einer technisch und wirtschaftlich sachgemäßen Betriebsplanung oder Betriebsführung entspricht und die Bereitstellung von Grundstücken des Unternehmers für diesen Zweck nicht möglich oder deshalb nicht zumutbar ist, weil die Benutzung solcher Grundstücke für andere Zwecke der in Absatz 1 bezeichneten Art unerläßlich ist.
(3) Vorschriften über die Enteignung zu anderen als den in Absatz 1 bezeichneten Zwecken bleiben unberührt.

-

§ 78 Gegenstand der Grundabtretung

Durch Grundabtretung können

1.

   das Eigentum einschließlich aus § 34 sich ergebender Befugnisse, der Besitz und dingliche Rechte an Grundstücken,

2.

   persönliche Rechte, die zum Erwerb, zum Besitz oder zur Nutzung von Grundstücken berechtigen oder deren Benutzung beschränken,
entzogen, übertragen, geändert, mit einem dinglichen Recht belastet oder sonst beschränkt werden.

-

§ 79 Voraussetzungen für die Zulässigkeit der Grundabtretung

(1) Die Grundabtretung ist im einzelnen Falle zulässig, wenn sie dem Wohle der Allgemeinheit dient, insbesondere die Versorgung des Marktes mit Rohstoffen, die

Erhaltung der Arbeitsplätze im Bergbau, der Bestand oder die Verbesserung der Wirtschaftsstruktur oder der sinnvolle und planmäßige Abbau der Lagerstätte gesichert werden sollen, und der Grundabtretungszweck unter Beachtung der Standortgebundenheit des Gewinnungsbetriebes auf andere zumutbare Weise nicht erreicht werden kann.

(2) Die Grundabtretung setzt voraus, daß der Grundabtretungsbegünstigte

1.

sich ernsthaft

a)

um den freihändigen Erwerb des Grundstücks zu angemessenen Bedingungen, insbesondere, soweit ihm dies möglich und zumutbar ist, unter Angebot geeigneter anderer Grundstücke aus dem eigenen Vermögen, oder

b)

um die Vereinbarung eines für die Durchführung des Vorhabens ausreichenden Nutzungsverhältnisses zu angemessenen Bedingungen vergeblich bemüht hat und

2.

glaubhaft macht, daß das Grundstück innerhalb angemessener Frist zu dem vorgesehenen Zweck verwendet werden wird.

(3) Die Abtretung eines Grundstücks, das bebaut ist oder mit einem bebauten Grundstück in unmittelbarem räumlichem Zusammenhang steht und eingefriedet ist, setzt ferner die Zustimmung der nach Landesrecht zuständigen Behörde voraus. Die Zustimmung darf nur aus überwiegenden öffentlichen Interessen unter Berücksichtigung der Standortgebundenheit des Vorhabens erteilt werden.

-

§ 80 Grundabtretungsbegünstigter und -pflichtiger

(1) Grundabtretungsbegünstigter ist der Unternehmer, für dessen Vorhaben ein Grundabtretungsverfahren durchgeführt wird.

(2) Grundabtretungspflichtige sind der Eigentümer des von der Grundabtretung betroffenen Grundstücks oder sonstigen Gegenstandes und die Inhaber der Rechte, die entzogen, übertragen, geändert, belastet oder sonst beschränkt werden sollen.

(3) Nebenberechtigte sind die Personen, denen dingliche oder persönliche Rechte am oder in bezug auf den Gegenstand der Grundabtretung zustehen.

-

§ 81 Umfang der Grundabtretung

(1) Die Grundabtretung darf nur in dem Umfang durchgeführt werden, in dem sie zur Verwirklichung des Grundabtretungszweckes erforderlich ist. Die Frist, innerhalb der der Grundabtretungszweck verwirklicht werden muß, ist von der

zuständigen Behörde festzusetzen.

(2) Die Entziehung des Eigentums an Grundstücken ist nur zulässig, wenn

1.
die Grundstücke bebaut sind oder mit bebauten Grundstücken in unmittelbarem räumlichem Zusammenhang stehen und eingefriedet sind,

2.
im Zeitpunkt der Grundabtretung damit zu rechnen ist, daß die Grundstücke auf Grund behördlich angeordneter Maßnahmen zur Wiedernutzbarmachung der Oberfläche eine Wertsteigerung erfahren werden oder

3.
der Eigentümer die Entziehung des Eigentums nach § 82 verlangt.

Reicht in den in Satz 1 Nr. 1 genannten Fällen die Belastung des Eigentums an Grundstücken mit einem dinglichen Nutzungsrecht zur Verwirklichung des Grundabtretungszweckes aus, so ist die Grundabtretung hierauf zu beschränken. In den Fällen des Satzes 1 Nr. 2 ist die Entziehung des Eigentums nicht zulässig, wenn der Eigentümer sich verpflichtet, nach Beendigung der Benutzung des Grundstücks die durch die Maßnahme zur Wiedernutzbarmachung der Oberfläche eingetretene Werterhöhung in Geld auszugleichen.

(3) Der Grundabtretungsbegünstigte ist, soweit nicht die Entziehung des Eigentums an einem Grundstück oder einer in § 82 Abs. 5 bezeichneten Sache Gegenstand der Grundabtretung ist, verpflichtet, nach Beendigung der Benutzung der abgetretenen Sachen zu dem vorgesehenen Zweck oder, wenn das Grundstück danach einem Zweck zugeführt wird, der eine Grundabtretung rechtfertigen würde, nach Beendigung der Benutzung zu diesem Zweck,

1.
den Zustand des Grundstücks oder der Sachen in dem Zeitpunkt des Wirksamwerdens der Grundabtretung wiederherzustellen, es sei denn, daß die Wiederherstellung mit unzumutbaren Aufwendungen verbunden oder eine vom früheren Zustand abweichende Anordnung der zuständigen Behörde zur Wiedernutzbarmachung der Oberfläche erlassen worden ist und

2.
den abgetretenen Gegenstand dem betroffenen Grundabtretungspflichtigen wieder zur Verfügung zu stellen.

-

§ 82 Ausdehnung der Grundabtretung

(1) In den in § 81 Abs. 2 Satz 1 Nr. 1 genannten Fällen kann der Eigentümer anstelle einer anderen beantragten Form der Grundabtretung die Entziehung des Eigentums verlangen.

(2) Der Eigentümer kann ferner die Entziehung des Eigentums an einem Grundstück verlangen, soweit eine andere Form der Grundabtretung für ihn unbillig ist.

(3) Soll ein Grundstück oder ein räumlich oder wirtschaftlich zusammenhängender

Grundbesitz nur zur einem Teil Gegenstand der Grundabtretung werden, so kann der Eigentümer die Ausdehnung der Grundabtretung auf das Restgrundstück oder den Restbesitz insoweit verlangen, als das Restgrundstück oder der Restbesitz nicht mehr in angemessenem Umfang baulich oder wirtschaftlich genutzt werden kann.

(4) Wird ein Grundstück durch die Entziehung, Belastung oder Beschränkung eines Rechts an einem anderen Grundstück in seiner Wirtschaftlichkeit wesentlich beeinträchtigt, so kann der Eigentümer die Ausdehnung der Grundabtretung auf das Grundstück verlangen. Die Absätze 1 und 2 gelten entsprechend.

(5) Der Eigentümer, der Nießbraucher oder der Pächter kann verlangen, daß die Grundabtretung auf das Zubehör eines Grundstücks sowie auf Gegenstände im Sinne des § 95 des Bürgerlichen Gesetzbuchs ausgedehnt wird, soweit er das Zubehör oder die Sachen infolge der Grundabtretung nicht mehr wirtschaftlich nutzen oder in anderer Weise angemessen verwerten kann.

-

§ 83 Sinngemäße Anwendung von Vorschriften

(1) Soweit nichts anderes bestimmt ist, gelten

1.
   die für Grundstücke geltenden Vorschriften dieses Kapitels sinngemäß auch für Grundstücksteile und

2.
   die für das Eigentum an Grundstücken geltenden Vorschriften dieses Kapitels sinngemäß auch für grundstücksgleiche Rechte mit Ausnahme des Bergwerkseigentums und selbständiger Abbaugerechtigkeiten.

(2) Soweit nichts anderes bestimmt ist, sind die für die Entziehung oder Belastung des Eigentums an Grundstücken geltenden Vorschriften dieses Kapitels auf die Entziehung, Übertragung, Änderung, Belastung oder sonstige Beschränkung der in § 78 Nr. 1 und 2 bezeichneten anderen Rechte sinngemäß anzuwenden.

Zweiter Abschnitt
Entschädigung

-

§ 84 Entschädigungsgrundsätze

(1) Für die Grundabtretung ist eine Entschädigung zu leisten.

(2) Die Entschädigung wird gewährt für

1.
   den durch die Grundabtretung eintretenden Rechtsverlust,

2.
   andere durch die Grundabtretung eintretende Vermögensnachteile.

(3) Entschädigung kann verlangen, wer in seinem Recht durch die Grundabtretung beeinträchtigt wird und dadurch einen Vermögensnachteil erleidet (Entschädigungsberechtigter). Zur Leistung der Entschädigung ist der Grundabtretungsbegünstigte verpflichtet (Entschädigungsverpflichteter).
(4) Die Entschädigung ist in Geld festzusetzen. Sie ist in einem einmaligen Betrag zu leisten, soweit in § 89 nichts anderes bestimmt ist. Einmalige Entschädigungsbeträge sind mit zwei vom Hundert über dem Basiszinssatz nach § 247 des Bürgerlichen Gesetzbuchs jährlich von dem Zeitpunkt an zu verzinsen, in dem die zuständige Behörde über den Grundabtretungsantrag entscheidet. Im Falle der vorzeitigen Besitzeinweisung ist der Zeitpunkt maßgebend, in dem diese wirksam wird. Die Sätze 1 bis 4 gelten nicht, soweit sich der Entschädigungsberechtigte und der Entschädigungsverpflichtete über eine andere Art der Entschädigung einigen.
(5) Für die Bemessung der Entschädigung ist der Zustand des Gegenstandes der Grundabtretung in dem Zeitpunkt maßgebend, in dem die zuständige Behörde über den Grundabtretungsantrag entscheidet. In den Fällen der vorzeitigen Besitzeinweisung ist der Zustand in dem Zeitpunkt maßgebend, in dem diese wirksam wird.
-

§ 85 Entschädigung für den Rechtsverlust

(1) Die Entschädigung für den Rechtsverlust bemißt sich nach dem Verkehrswert des Gegenstandes der Grundabtretung.
(2) Der Verkehrswert wird durch den Preis bestimmt, der in dem Zeitpunkt, auf den sich die Ermittlung bezieht, im gewöhnlichen Geschäftsverkehr nach den rechtlichen Gegebenheiten und tatsächlichen Eigenschaften, der sonstigen Beschaffenheit und Lage des Gegenstandes der Wertermittlung ohne Rücksicht auf ungewöhnliche oder persönliche Verhältnisse zu erzielen wäre.
(3) Die auf Grund des § 199 Abs. 1 des Baugesetzbuchs erlassenen Vorschriften sind entsprechend anzuwenden.
-

§ 86 Entschädigung für andere Vermögensnachteile, Mitverschulden

(1) Wegen anderer durch die Grundabtretung eintretender Vermögensnachteile ist eine Entschädigung nur zu gewähren, soweit diese Vermögensnachteile nicht bei der Bemessung der Entschädigung für den Rechtsverlust berücksichtigt sind.
(2) Zu den Vermögensnachteilen im Sinne des Absatzes 1 gehören insbesondere

1.
    der vorübergehende oder dauernde Verlust, den der Entschädigungsberechtigte in seiner Berufstätigkeit, seiner Erwerbstätigkeit oder in Erfüllung der ihm wesensgemäß obliegenden Aufgaben erleidet, jedoch nur bis zu dem Betrag des Aufwandes, der erforderlich ist, um einen

2.   anderen Gegenstand in gleicher Weise wie den abzutretenden Gegenstand zu nutzen oder zu gebrauchen,

die Wertminderung, die durch die Abtretung eines Grundstücksteiles oder eines Teiles eines räumlich oder wirtschaftlich zusammenhängenden Grundbesitzes bei dem anderen Teil oder durch Abtretung eines Rechts an einem Grundstück bei einem anderen Grundstück entsteht, soweit die Wertminderung nicht schon bei der Festsetzung der Entschädigung nach Nummer 1 berücksichtigt ist,

3.

die notwendigen Aufwendungen für einen durch die Grundabtretung erforderlich werdenden Umzug.

(3) Hat bei der Entstehung eines Vermögensnachteiles ein Verschulden des Entschädigungsberechtigten mitgewirkt, so gilt § 254 des Bürgerlichen Gesetzbuchs entsprechend.

-

§ 87 Behandlung der Rechte der Nebenberechtigten

(1) Rechte an dem abzutretenden Grundstück sowie persönliche Rechte, die zum Besitz oder zur Nutzung des Grundstücks berechtigen oder die Nutzung des Grundstücks beschränken, können aufrechterhalten werden, soweit dies mit dem Grundabtretungszweck vereinbar ist.

(2) Soweit Rechte nicht aufrechterhalten werden, sind gesondert zu entschädigen

1.

Erbbauberechtigte, Altenteilsberechtigte sowie Inhaber von Dienstbarkeiten und Erwerbsrechten an dem Grundstück,

2.

Inhaber von persönlichen Rechten, die zum Besitz oder zur Nutzung des Grundstücks berechtigen, wenn der Berechtigte im Besitz des Grundstücks ist,

3.

Inhaber von persönlichen Rechten, die zum Erwerb des Grundstücks berechtigen oder den Verpflichteten in der Nutzung des Grundstücks beschränken.

(3) Berechtigte, deren Rechte nicht aufrechterhalten und nicht gesondert entschädigt werden, haben Anspruch auf Ersatz des Wertes ihres Rechts aus der Entschädigung für das Eigentum an dem Grundstück, soweit sich ihr Recht auf dieses erstreckt. Das gilt entsprechend für die Entschädigungen, die für den durch die Grundabtretung eintretenden Rechtsverlust in anderen Fällen oder für Wertminderungen des Restbesitzes nach § 86 Abs. 2 Nr. 2 festgesetzt werden.

-

§ 88 Schuldübergang bei Entziehung des Eigentums an Grundstücken

Wird das Eigentum an einem Grundstück entzogen und haftet bei einem Grundpfandrecht, das aufrechterhalten wird, der Grundabtretungspflichtige zugleich persönlich, so übernimmt der Grundabtretungsbegünstigte an seiner Stelle die Schuld bis zur Höhe des Grundpfandrechts, jedoch nicht über den Verkehrswert des Grundstücks hinaus.

-

§ 89 Entschädigungsleistung

(1) Wird im Wege der Grundabtretung ein Nutzungsrecht begründet oder dem Eigentümer oder sonstigen Nutzungsberechtigten eine mit einem dauernden Nutzungsausfall verbundene Beschränkung oder ein anderer sich ständig erneuernder Nachteil auferlegt, so ist die Entschädigung in wiederkehrenden Leistungen zu entrichten. Werden hierdurch die zu entschädigenden Vermögensnachteile nicht abgegolten, so ist insoweit die Entschädigung in einem einmaligen Betrag zu leisten.

(2) Entstehen einem Entschädigungsberechtigten durch die Grundabtretung Vermögensnachteile, die sich im Zeitpunkt der Entscheidung über die Grundabtretung nicht abschätzen lassen, so ist auf Antrag des Entschädigungsberechtigten eine Ergänzungsentschädigung festzusetzen. Der Antrag ist nur zulässig, wenn der Entschädigungsberechtigte nachweist, daß er sich ernsthaft um eine Einigung über die Ergänzungsentschädigung bemüht hat. Die Ergänzungsentschädigung darf nur für die Zeit nach Antragstellung festgesetzt werden.

(3) Ist die Entschädigung nach Absatz 1 Satz 1 in wiederkehrenden Leistungen zu entrichten und tritt eine wesentliche Änderung der Verhältnisse ein, die für die Bemessung der Höhe der Leistungen maßgebend waren, so ist auf Antrag des Entschädigungsberechtigten oder des Entschädigungsverpflichteten die Höhe der wiederkehrenden Leistungen neu festzusetzen; Absatz 2 Satz 2 und 3 gilt entsprechend.

(4) Lassen sich im Zeitpunkt der Entscheidung über die Grundabtretung Vermögensnachteile nicht abschätzen, so kann die zuständige Behörde auf Antrag des Entschädigungsberechtigten anordnen, daß der Entschädigungspflichtige Sicherheit zu leisten hat. Über die Freigabe einer Sicherheit entscheidet die zuständige Behörde.

-

§ 90 Wertänderungen, Veränderungen, Begründung neuer Rechtsverhältnisse

(1) Bei der Festsetzung der Entschädigung bleiben folgende Wertänderungen unberücksichtigt:

1.

Werterhöhungen, die ausschließlich infolge des Gewinnungs- oder Aufbereitungsbetriebes eingetreten sind, zu dessen Gunsten die Grundabtretung durchgeführt wird,

2.

Wertänderungen, die infolge der bevorstehenden Grundabtretung eingetreten sind,

3.

Werterhöhungen, die nach dem Zeitpunkt eingetreten sind, in dem der Eigentümer oder sonstige Berechtigte zur Vermeidung der Grundabtretung ein Kauf- oder Tauschangebot im Sinne des § 79 Abs. 2 Nr. 1 Buchstabe a oder ein Angebot zum Abschluß einer Vereinbarung im Sinne des § 79 Abs. 2 Nr. 1 Buchstabe b mit angemessenen Bedingungen hätte annehmen können, es sei denn, daß er Kapital oder Arbeit für die Werterhöhung aufgewendet hat,

4.

wertsteigernde Veränderungen, die ohne die erforderliche behördliche Anordnung, Genehmigung, Zulassung, Zustimmung, Erlaubnis oder Bewilligung vorgenommen worden sind, es sei denn, daß sie ausschließlich der Erhaltung oder ordnungsgemäßen Bewirtschaftung gedient haben.

(2) Für bauliche Anlagen, deren Abbruch jederzeit auf Grund öffentlich-rechtlicher Vorschriften entschädigungslos gefordert werden kann, ist eine Entschädigung nur zu gewähren, wenn es aus Gründen der Billigkeit geboten ist. Kann der Abbruch entschädigungslos erst nach Ablauf einer Frist gefordert werden, so ist die Entschädigung nach dem Verhältnis der restlichen zu der gesamten Frist zu bemessen.

(3) Wird der Wert des Eigentums an dem abzutretenden Grundstück durch Rechte Dritter gemindert, die aufrechterhalten oder gesondert entschädigt werden, so ist dies bei der Festsetzung der Entschädigung für das Eigentum an dem Grundstück zu berücksichtigen.

(4) Eine Vereinbarung, die mit Rücksicht auf ein in Vorbereitung befindliches Grundabtretungsverfahren oder die nach Einleitung des Grundabtretungsverfahrens getroffen wird und die einen Dritten zum Gebrauch oder zur Nutzung des Gegenstandes der Grundabtretung berechtigt, bleibt bei der Festsetzung der Entschädigung insoweit unberücksichtigt, als sie von üblichen Vereinbarungen in vergleichbaren, nicht von einer Grundabtretung betroffenen Fällen auffällig abweicht und Tatsachen die Annahme rechtfertigen, daß sie getroffen worden ist, um eine Entschädigung zu erlangen.

(5) Ist eine Veränderung an dem Gegenstand der Grundabtretung, die nach Einleitung des Grundabtretungsverfahrens ohne Zustimmung der zuständigen Behörde vorgenommen wird, für dessen neuen Verwendungszweck nachteilig und war dieser Umstand dem Grundabtretungspflichtigen, der die Veränderung vorgenommen hat, bekannt, so kann die zuständige Behörde auf Antrag des Grundabtretungsbegünstigten die Wiederherstellung des früheren Zustandes anordnen.

Dritter Abschnitt
Vorabentscheidung, Ausführung und Rückgängigmachen der Grundabtretung

-

§ 91 Vorabentscheidung

Auf Antrag des Grundabtretungsbegünstigten, des Grundabtretungspflichtigen oder eines Nebenberechtigten hat die zuständige Behörde vorab über die durch die Grundabtretung zu bewirkenden Rechtsänderungen zu entscheiden. In diesem Fall hat die zuständige Behörde anzuordnen, daß dem Entschädigungsberechtigten eine Vorauszahlung in Höhe der zu erwartenden Entschädigung zu leisten ist. § 84 Abs. 4 Satz 2 und 3 und § 89 gelten entsprechend.

-

§ 92 Ausführung der Grundabtretung

(1) Die Ausführung einer Grundabtretung ist nur zulässig, wenn die Entscheidung über den Antrag nach § 77 unanfechtbar geworden ist und der Grundabtretungsbegünstigte

1.

   bei Festsetzung einer Entschädigung in einem einmaligen Betrag die Entschädigung gezahlt oder zulässigerweise unter Verzicht auf das Recht der Rücknahme hinterlegt hat,

2.

   bei Festsetzung einer Entschädigung in wiederkehrenden Leistungen die erste Rate gezahlt oder zulässigerweise unter Verzicht auf das Recht der Rücknahme hinterlegt und für weitere drei Raten angemessene Sicherheit geleistet hat.

Satz 1 gilt entsprechend, wenn die Entscheidung nach § 91 unanfechtbar geworden ist; in diesem Fall kann die zuständige Behörde auf Antrag des Entschädigungsberechtigten die Ausführung der Grundabtretung davon abhängig machen, daß der Grundabtretungsbegünstigte zusätzlich für einen angemessenen Betrag Sicherheit leistet. Einer unanfechtbaren Entscheidung über einen Antrag nach § 77 steht eine Einigung der Beteiligten im Verfahren gleich, wenn die Einigung durch eine Niederschrift von der zuständigen Behörde beurkundet worden ist. Mit Beginn des von der zuständigen Behörde festzusetzenden Tages wird der bisherige Rechtszustand durch den in der Entscheidung über die Grundabtretung geregelten Rechtszustand ersetzt.

(2) Wird die Entscheidung über die Grundabtretung nur wegen der Höhe der Entschädigung von einem oder mehreren Entschädigungsberechtigten angefochten, so kann die zuständige Behörde auf Antrag des Grundabtretungsbegünstigten die vorzeitige Ausführung der Grundabtretung anordnen, wenn eine von ihr zur Sicherung der Ansprüche der Anfechtenden für

erforderlich erachtete Sicherheit geleistet ist und im übrigen die Voraussetzungen nach Absatz 1 vorliegen. Über die Freigabe einer gestellten Sicherheit entscheidet die zuständige Behörde.

(3) Ist die Ausführung der Grundabtretung zulässig, übersendet die zuständige Behörde dem Grundbuchamt eine beglaubigte Abschrift der Entscheidung über den Antrag nach § 77, der Entscheidung nach § 91 oder der Niederschrift nach Absatz 1 Satz 3 und ersucht es, die Rechtsänderungen in das Grundbuch einzutragen. Mit dem Ersuchen ist dem Grundbuchamt eine beglaubigte Abschrift der Festsetzung nach Absatz 1 Satz 4 und im Fall des Absatzes 2 auch der Anordnung über die vorzeitige Ausführung der Grundabtretung zu übersenden.

-

§ 93 Hinterlegung

(1) Entschädigungen, aus denen Entschädigungsberechtigte nach § 87 Abs. 3 zu befriedigen sind, sind unter Verzicht auf das Recht der Rücknahme zu hinterlegen, soweit mehrere Personen auf sie Anspruch haben und eine Einigung über die Auszahlung nicht nachgewiesen ist. Die Hinterlegung ist bei dem Amtsgericht vorzunehmen, in dessen Bezirk das von der Grundabtretung betroffene Grundstück liegt; § 2 des Gesetzes über die Zwangsversteigerung und die Zwangsverwaltung gilt entsprechend.

(2) Andere Vorschriften, nach denen die Hinterlegung geboten oder statthaft ist, bleiben unberührt.

-

§ 94 Geltendmachung der Rechte an der Hinterlegung, Verteilungsverfahren

(1) Nach Eintritt des neuen Rechtszustandes (§ 92 Abs. 1 Satz 4) kann jeder Beteiligte seine Rechte an der hinterlegten Summe gegen einen Mitbeteiligten, der dieses Recht bestreitet, vor den ordentlichen Gerichten geltend machen oder die Einleitung eines gerichtlichen Verteilungsverfahrens beantragen.

(2) Für das Verteilungsverfahren ist das in § 93 Abs. 1 Satz 2 bezeichnete Amtsgericht zuständig.

(3) Ist die Ausführung vorzeitig angeordnet worden, so ist das Verteilungsverfahren erst zulässig, wenn die Entscheidung über die Grundabtretung unanfechtbar geworden ist.

(4) Für das Verteilungsverfahren gelten die Vorschriften des Gesetzes über die Zwangsversteigerung und die Zwangsverwaltung über die Verteilung des Erlöses im Falle der Zwangsversteigerung mit folgenden Abweichungen entsprechend:

1.
    Das Verteilungsverfahren ist durch Beschluß zu eröffnen.

2.
    Die Zustellung des Eröffnungsbeschlusses an den Antragsteller gilt als Beschlagnahme im Sinne des § 13 des Gesetzes über die

Zwangsversteigerung und Zwangsverwaltung; ist das Grundstück schon in einem Zwangsversteigerungs- oder Zwangsverwaltungsverfahren beschlagnahmt, so hat es hierbei sein Bewenden.

3.

Das Verteilungsgericht hat bei Eröffnung des Verfahrens von Amts wegen das Grundbuchamt um die in § 19 Abs. 2 des Gesetzes über die Zwangsversteigerung und die Zwangsverwaltung bezeichneten Mitteilungen zu ersuchen; in die beglaubigte Abschrift des Grundbuchblattes sind die zur Zeit der Zustellung der Entscheidung über die Grundabtretung an den Grundabtretungspflichtigen vorhandenen Eintragungen sowie die später eingetragenen Veränderungen und Löschungen aufzunehmen.

4.

Bei dem Verfahren sind die in § 87 Abs. 3 bezeichneten Entschädigungsberechtigten nach Maßgabe des § 10 des Gesetzes über die Zwangsversteigerung und die Zwangsverwaltung zu berücksichtigen, wegen der Ansprüche auf wiederkehrende Nebenleistungen jedoch nur für die Zeit bis zur Hinterlegung.

(5) Soweit auf Grund landesrechtlicher Vorschriften die Verteilung des Erlöses im Falle einer Zwangsversteigerung nicht von dem Vollstreckungsgericht, sondern von einer anderen Stelle wahrzunehmen ist, kann durch Landesrecht bestimmt werden, daß diese andere Stelle auch für das Verteilungsverfahren nach den Absätzen 1 bis 4 zuständig ist. Wird die Änderung einer Entscheidung dieser anderen Stelle verlangt, so ist die Entscheidung des Vollstreckungsgerichts nachzusuchen. Die Beschwerde findet gegen die Entscheidung des Vollstreckungsgerichts statt.

-

§ 95 Lauf der Verwendungsfrist

(1) Die Frist, innerhalb deren der Grundabtretungszweck nach § 81 Abs. 1 Satz 2 zu verwirklichen ist, beginnt mit dem Eintritt der Rechtsänderung.

(2) Die zuständige Behörde kann diese Frist vor deren Ablauf auf Antrag verlängern, wenn

1.

der Grundabtretungsbegünstigte nachweist, daß er den Grundabtretungszweck ohne Verschulden innerhalb der festgesetzten Frist nicht erfüllen kann, oder

2.

vor Ablauf der Frist eine Gesamtrechtsnachfolge eintritt und der Rechtsnachfolger nachweist, daß er den Grundabtretungszweck innerhalb der festgesetzten Frist nicht erfüllen kann.

Der frühere Grundabtretungspflichtige ist vor der Entscheidung zu hören.

-

§ 96 Aufhebung der Grundabtretung

(1) Auf Antrag des früheren Grundabtretungspflichtigen hat die zuständige Behörde vorbehaltlich des Absatzes 2 die durch die Entscheidung über die Grundabtretung bewirkten Rechtsänderungen mit Wirkung für die Zukunft aufzuheben, soweit

1.
    der Grundabtretungsbegünstigte oder sein Rechtsnachfolger
    a)
        das Grundstück nicht innerhalb der festgesetzten Frist (§ 81 Abs. 1 Satz 2, § 95) zu dem Grundabtretungszweck verwendet oder
    b)
        den Grundabtretungszweck vor Ablauf der Frist aufgegeben hat oder

2.
    der Entschädigungsverpflichtete bei einer Entschädigung in wiederkehrenden Leistungen mit zwei aufeinanderfolgenden Raten in Verzug ist.

Satz 1 Nr. 1 Buchstabe b gilt nur, wenn durch die Grundabtretung das Eigentum an dem Grundstück entzogen worden ist.

(2) In den Fällen des Absatzes 1 Satz 1 Nr. 1 ist die Aufhebung ausgeschlossen, solange das Grundstück einem Zweck zugeführt wird, der eine Grundabtretung rechtfertigen würde.

(3) Die Aufhebung kann nur innerhalb von zwei Jahren seit Entstehung des Anspruchs beantragt werden. Die Frist ist gehemmt, solange der Antragsberechtigte an der Rechtsverfolgung durch höhere Gewalt verhindert wird. In den Fällen des Absatzes 1 Satz 1 Nr. 1 ist der Antrag nicht mehr zulässig, wenn mit der zweckgerechten Verwendung begonnen worden ist.

(4) Wird dem Antrag auf Aufhebung der Grundabtretung stattgegeben, so ist dem von der Aufhebung Betroffenen die geleistete Entschädigung zurückzuerstatten, gemindert um den Betrag, der einer Entschädigung nach Maßgabe der §§ 84 bis 90 für den Zeitraum zwischen dem Wirksamwerden der Grundabtretung und der Aufhebung entsprechen würde. Hinsichtlich der Rückgabe der von der Aufhebung der Grundabtretung betroffenen Sachen gilt § 81 Abs. 3 Nr. 1 entsprechend.

(5) Die Absätze 1 bis 4 gelten für die durch eine Vorabentscheidung bewirkten Rechtsänderungen entsprechend.

(6) § 92 Abs. 3 gilt entsprechend.

Vierter Abschnitt
Vorzeitige Besitzeinweisung

-

§ 97 Voraussetzungen

Ist die sofortige Ausführung des die Grundabtretung erfordernden Vorhabens aus den in § 79 genannten Gründen des Wohles der Allgemeinheit dringend geboten, so kann die zuständige Behörde den Grundabtretungsbegünstigten auf Antrag schon vor Abschluß des Verfahrens in den Besitz des betroffenen Grundstücks einweisen. Die vorzeitige Besitzeinweisung setzt voraus, daß dem Eigentümer und, wenn ein anderer durch die Besitzeinweisung betroffen wird, auch diesem Gelegenheit zur Stellungnahme gegeben worden ist.

-

§ 98 Besitzeinweisungsentschädigung

(1) Der Grundabtretungsbegünstigte hat für die durch die vorzeitige Besitzeinweisung entstehenden Vermögensnachteile Entschädigung in Geld zu leisten, soweit die Nachteile nicht durch die Verzinsung der Geldentschädigung (§ 84 Abs. 4) ausgeglichen werden. Art und Höhe der Entschädigung sind unter entsprechender Anwendung der §§ 84 bis 90 festzusetzen.
(2) Die Entschädigung für die vorzeitige Besitzeinweisung ist ohne Rücksicht auf die Einlegung eines Rechtsbehelfs zu dem Zeitpunkt fällig, in dem die vorzeitige Besitzeinweisung wirksam wird.

-

§ 99 Zustandsfeststellung

Auf Antrag des Grundabtretungsbegünstigten, des Besitzers oder des Eigentümers hat die zuständige Behörde den Zustand des Grundstücks vor der Besitzeinweisung festzustellen, soweit er für die Besitzeinweisungs- oder Grundabtretungsentschädigung von Bedeutung ist. Der Zustand des Grundstückes kann auch von Amts wegen festgestellt werden.

-

§ 100 Wirksamwerden und Rechtsfolgen der vorzeitigen Besitzeinweisung, Sicherheitsleistung

(1) Die Besitzeinweisung wird in dem von der zuständigen Behörde bezeichneten Zeitpunkt wirksam. In diesem Zeitpunkt wird dem Eigentümer des Grundstücks und, wenn ein anderer unmittelbarer Besitzer ist, auch diesem der Besitz entzogen und der Grundabtretungsbegünstigte Besitzer. Der Grundabtretungsbegünstigte darf auf dem Grundstück das im Grundabtretungsantrag bezeichnete Vorhaben ausführen und die dafür erforderlichen Maßnahmen treffen. Ein Recht zur Nutzung des Grundstücks wird durch die Besitzeinweisung insoweit ausgeschlossen, als die Ausübung der Nutzung mit dem Zweck der Besitzeinweisung nicht vereinbar ist.
(2) Die vorzeitige Besitzeinweisung kann von der Leistung einer Sicherheit in Höhe der voraussichtlichen Entschädigung nach § 98 und von anderen Bedingungen abhängig gemacht werden. Auf Antrag des Inhabers eines Rechts, das zum Besitz oder zur Nutzung des Grundstücks berechtigt, ist die Einweisung von der Leistung einer Sicherheit in Höhe der ihm voraussichtlich zu gewährenden Entschädigung abhängig zu machen.

-

§ 101 Aufhebung und Änderung der vorzeitigen Besitzeinweisung

(1) Die vorzeitige Besitzeinweisung ist aufzuheben, wenn

1.

die für die Besitzeinweisung nach § 97 erforderlichen Voraussetzungen nicht mehr gegeben sind,

2.

der Antrag nach § 77 zurückgenommen worden ist oder

3.

die Entscheidung über die Grundabtretung nicht innerhalb von zwei Jahren erlassen wird, nachdem die Besitzeinweisung wirksam geworden ist.

(2) In den Fällen des Absatzes 1 Nr. 1 kann statt der Aufhebung der Besitzeinweisung die Entscheidung über die Besitzeinweisung geändert werden. Die in Absatz 1 Nr. 3 bestimmte Frist kann von der zuständigen Behörde um längstens ein weiteres Jahr verlängert werden, wenn die Entscheidung über den Antrag nach § 77 aus besonderen, durch das Verfahren bedingten Umständen nicht innerhalb dieser Frist ergehen kann.

(3) Mit dem Zeitpunkt, in dem die Entscheidung über die Aufhebung der vorzeitigen Besitzeinweisung unanfechtbar wird, ist dem Grundabtretungsbegünstigten der Besitz entzogen und der vorherige Besitzer wieder Besitzer.

-

§ 102 Entschädigung bei Aufhebung oder Änderung der vorzeitigen Besitzeinweisung

(1) Wird die vorzeitige Besitzeinweisung aufgehoben oder die Entscheidung über die Besitzeinweisung geändert, so hat der Grundabtretungsbegünstigte

1.

im Falle der Aufhebung für die durch die vorzeitige Besitzeinweisung entstandenen,

2.

im Falle der Änderung der Entscheidung über die Besitzeinweisung für die in bezug auf die Änderung entstandenen,

durch die Besitzeinweisungsentschädigung nicht abgegoltenen Vermögensnachteile eine Entschädigung in Geld zu leisten. An Stelle der Entschädigung in Geld hat der Grundabtretungsbegünstigte auf Verlangen der von der vorzeitigen Besitzeinweisung Betroffenen den früheren Zustand wiederherzustellen, es sei denn, daß die Wiederherstellung mit unzumutbaren Aufwendungen verbunden ist oder die zuständige Behörde eine vom früheren Zustand abweichende Wiedernutzbarmachung der Oberfläche angeordnet hat.

(2) Kommt eine Einigung nicht zustande, hat die zuständige Behörde auf Antrag die Höhe der Entschädigung festzusetzen und, wenn die Wiederherstellung des früheren Zustandes zulässigerweise verlangt wird, die Verpflichtung hierzu auszusprechen.

Fünfter Abschnitt
Kosten, Zwangsvollstreckung, Verfahren

§ 103 Kosten

(1) Der Grundabtretungsbegünstigte hat die Kosten des Verfahrens zu tragen. Soweit Kosten jedoch durch Verschulden oder durch Anträge verursacht werden, die zum Zwecke der Verzögerung gestellt worden sind, können sie dem betreffenden Beteiligten auferlegt werden.

(2) Kosten sind außer den im Verfahren vor der zuständigen Behörde entstehenden Gebühren und Auslagen auch die den Beteiligten aus Anlaß des Verfahrens entstehenden Aufwendungen, soweit sie zur zweckentsprechenden Rechtsverfolgung notwendig waren.

(3) Für das Verfahren nach § 96 gelten die Absätze 1 und 2 mit der Maßgabe entsprechend, daß die Kosten nach Absatz 1 Satz 1 der von der Aufhebung Betroffene zu tragen hat, wenn dem Antrag auf Aufhebung stattgegeben wird.

§ 104 Vollstreckbarer Titel

(1) Die Zwangsvollstreckung nach den Vorschriften der Zivilprozeßordnung über die Vollstreckung von Urteilen in bürgerlichen Rechtsstreitigkeiten findet statt

1.
   aus der Niederschrift über eine Einigung wegen der in ihr bezeichneten Entschädigungsleistungen,

2.
   aus einer nicht mehr anfechtbaren Entscheidung über die Grundabtretung und einer nicht mehr anfechtbaren Entscheidung nach § 89 Abs. 2 oder 3, § 91 Satz 2 oder § 96 Abs. 4 oder 5 wegen der darin festgesetzten Entschädigungsleistungen,

3.
   aus einer Entscheidung über die vorzeitige Besitzeinweisung, deren Änderung oder Aufhebung wegen der darin festgesetzten Leistungen.

(2) Die vollstreckbare Ausfertigung wird von dem Urkundsbeamten der Geschäftsstelle des Amtsgerichts erteilt, in dessen Bezirk die zuständige Behörde ihren Sitz hat und, wenn das Verfahren bei einem Gericht anhängig ist, von dem Urkundsbeamten der Geschäftsstelle dieses Gerichts. In den Fällen der §§ 731, 767 bis 770, 785, 786 und 791 der Zivilprozeßordnung tritt das Amtsgericht, in dessen Bezirk die zuständige Behörde ihren Sitz hat, an die Stelle des Prozeßgerichts.

§ 105 Verfahren

Auf die Grundabtretung sind, soweit sich aus diesem Kapitel nichts anderes ergibt, die Vorschriften über das förmliche Verwaltungsverfahren nach Teil V Abschnitt 1 des Verwaltungsverfahrensgesetzes anzuwenden.

-

§ 106 Benachrichtigungen

(1) Die zuständige Behörde teilt dem Grundbuchamt die Einleitung des Grundabtretungsverfahrens mit. Das Grundbuchamt hat die zuständig Behörde von allen Eintragungen zu benachrichtigen, die nach dem Zeitpunkt der Einleitung des Grundabtretungsverfahrens im Grundbuch des betroffenen Grundstücks vorgenommen worden sind und vorgenommen werden.
(2) Ist im Grundbuch die Anordnung der Zwangsversteigerung oder Zwangsverwaltung eingetragen, so gibt die zuständige Behörde dem Vollstreckungsgericht von der Einleitung des Grundabtretungsverfahrens sowie von der Entscheidung über den Grundabtretungsantrag Kenntnis, soweit davon das Grundstück betroffen wird, das Gegenstand des Vollstreckungsverfahrens ist.

Zweites Kapitel
Baubeschränkungen

-

§ 107 Festsetzung von Baubeschränkungsgebieten

(1) Soweit Grundstücke für die Aufsuchung und Gewinnung von Bodenschätzen in Anspruch genommen werden sollen, kann die Landesregierung durch Rechtsverordnung Baubeschränkungsgebiete festsetzen, wenn die Inanspruchnahme wegen der volkswirtschaftlichen Bedeutung der Bodenschätze für die Versorgung des Marktes mit Rohstoffen und wegen der Notwendigkeit einer umfassenden Nutzung der Lagerstätte dem Wohle der Allgemeinheit dient; die Landesregierung kann diese Ermächtigung durch Rechtsverordnung auf andere Stellen übertragen. Die Festsetzung ist nicht zulässig, wenn die bergbauliche Inanspruchnahme der Grundstücke nicht innerhalb von fünfzehn Jahren zu erwarten ist.
(2) Karten und Pläne, die Bestandteil der Rechtsverordnung nach Absatz 1 Satz 1 sind, können dadurch verkündet werden, daß sie bei einer Amtsstelle zu jedermanns Einsicht archivmäßig gesichert niedergelegt werden. In der Rechtsverordnung ist hierauf hinzuweisen.
(3) Das vorgesehene Baubeschränkungsgebiet ist vor Erlaß einer Rechtsverordnung nach Absatz 1 Satz 1 in dem amtlichen Veröffentlichungsblatt der zuständigen obersten Landesbehörde bekanntzumachen. Die Rechtsverordnung darf erst drei Monate nach der Bekanntgabe erlassen werden.
(4) Sind die Voraussetzungen für die Festsetzung eines Baubeschränkungsgebiets

ganz oder teilweise entfallen, so ist das Baubeschränkungsgebiet durch Rechtsverordnung aufzuheben oder zu beschränken; Absatz 2 gilt entsprechend.

-

§ 108 Wirkung der Festsetzung

(1) In Baubeschränkungsgebieten darf die für die Errichtung, Erweiterung, Änderung oder Nutzungsänderung baulicher Anlagen erforderliche baurechtliche Genehmigung oder Zustimmung oder eine diese einschließende Genehmigung nur mit Zustimmung der nach § 69 zuständigen Behörde erteilt werden.
(2) Die Zustimmung darf nur versagt werden, wenn durch die bauliche Anlage die Durchführung bergbaulicher Maßnahmen erschwert würde. Die Zustimmung gilt als erteilt, wenn sie nicht binnen zwei Monaten nach Eingang des Ersuchens der für die baurechtliche Genehmigung oder Zustimmung zuständigen Behörde versagt wird.
(3) Die Absätze 1 und 2 gelten nicht für bauliche Anlagen, die nur bis zur Inanspruchnahme des in Betracht kommenden Grundstücks einem land- oder forstwirtschaftlichen Betrieb zu dienen bestimmt sind.

-

§ 109 Entschädigung

(1) Tritt wegen Versagung der Zustimmung nach § 108 Abs. 2 eine nicht nur unwesentliche Wertminderung des Grundstücks ein, so ist dem Grundstückseigentümer eine angemessene Entschädigung in Geld zu leisten. Der Grundstückseigentümer kann ferner angemessene Entschädigung in Geld verlangen, soweit durch die Versagung der baurechtlichen Genehmigung Aufwendungen für Vorbereitungen zur Nutzung seines Grundstücks an Wert verlieren, die er im Vertrauen auf den Fortbestand der baulichen Nutzungsmöglichkeiten vor Erlaß der Rechtsverordnung nach § 107 Abs. 1 gemacht hat.
(2) Ist dem Grundstückseigentümer wirtschaftlich nicht mehr zuzumuten, das Grundstück zu behalten oder es in der bisherigen oder in einer anderen zulässigen Art zu nutzen, kann er anstelle der Entschädigung nach Absatz 1 die Übernahme des Grundstücks verlangen.
(3) Zur Leistung der Entschädigung ist der durch die Baubeschränkung begünstigte Unternehmer verpflichtet. Die §§ 84 bis 90 gelten mit der Maßgabe entsprechend, daß Verkehrswert mindestens der Wert ist, der für das Grundstück ohne die Versagung der baurechtlichen Genehmigung gelten würde.
(4) Kommt eine Einigung über die Entschädigung nicht zustande, so entscheidet die zuständige Behörde.
(5) Tritt bereits als Folge der Festsetzung eines Baubeschränkungsgebiets eine nicht nur unwesentliche Wertminderung eines Grundstücks ein, so kann der Grundstückseigentümer Entschädigung durch Übernahme des Grundstücks

verlangen. Die Absätze 3 und 4 gelten entsprechend.

Drittes Kapitel
Bergschaden

Erster Abschnitt
Anpassung

-

§ 110 Anpassungspflicht

(1) Soweit durch Gewinnungsbetriebe, für die zumindest ein Rahmenbetriebsplan nach § 52 Abs. 2 Nr. 1 vorliegt, Beeinträchtigungen der Oberfläche zu besorgen sind, die den vorbeugenden Schutz baulicher Anlagen zur Verhütung von Gefahren für Leben, Gesundheit oder bedeutende Sachgüter erforderlich machen, hat der Bauherr bei der Errichtung, Erweiterung oder wesentlichen Veränderung einer baulichen Anlage auf Grund eines entsprechenden Verlangens des Unternehmers den zu erwartenden bergbaulichen Einwirkungen auf die Oberfläche durch Anpassung von Lage, Stellung oder Konstruktion der baulichen Anlage Rechnung zu tragen.

(2) Unternehmer im Sinne des Absatzes 1 ist der Unternehmer, dessen Gewinnung die Anpassung erforderlich macht. Ist die Anpassung mit Rücksicht auf die Beeinträchtigung durch eine geplante oder eine bereits eingestellte Gewinnung zu besorgen, so ist Unternehmer derjenige, der die Gewinnung plant oder bis zu ihrer Einstellung betrieben hat und im Einvernehmen mit diesem auch der Inhaber der Gewinnungsberechtigung.

(3) Sind mit der Anpassung unerhebliche Nachteile oder Aufwendungen verbunden, trägt diese der Bauherr. Nachteile und Aufwendungen, die diese Grenze übersteigen, hat der Unternehmer zu ersetzen.

(4) Der Unternehmer hat auf Verlangen des Bauherrn an diesen bei Baubeginn einen angemessenen Vorschuß in Geld für die Aufwendungen zu leisten, die er nach Absatz 3 Satz 2 zu ersetzen hat. Für die Pflicht zum Ersatz der Aufwendungen und zur Vorschußleistung mehrerer Unternehmer gilt § 115 Abs. 2 und 3 entsprechend.

(5) Absatz 1 gilt nicht, wenn die Nachteile oder Aufwendungen, die mit der Anpassung verbunden wären, in einem unangemessenen Verhältnis zu der durch die Anpassung eintretenden Verminderung des Bergschadensrisikos stehen würden.

(6) Die zuständigen Behörden erteilen dem Unternehmer für das von ihm bezeichnete Gebiet Auskunft über alle Anträge auf Erteilung einer baurechtlichen Genehmigung oder Zustimmung oder einer diese einschließende Genehmigung.

-

§ 111 Sicherungsmaßnahmen

(1) Soweit ein vorbeugender Schutz durch Maßnahmen nach § 110 nicht ausreicht, sind bauliche Anlagen mit den zur Sicherung gegen Bergschäden jeweils erforderlichen zusätzlichen baulichen Vorkehrungen (Sicherungsmaßnahmen) auf Grund eines entsprechenden Verlangens des Unternehmers zu errichten. Die Sicherungsmaßnahmen richten sich nach Art und Umfang der zu erwartenden Bodenverformungen und nach Bauart, Größe, Form und Bergschadensempfindlichkeit der baulichen Anlage. Satz 1 und 2 gilt bei einer Erweiterung oder wesentlichen Veränderung baulicher Anlagen entsprechend.
(2) Die Aufwendungen für Sicherungsmaßnahmen hat der Unternehmer zu tragen. Ist der Bauherr seiner Verpflichtung nach § 110 Abs. 1 ganz oder teilweise nicht nachgekommen, so trägt er den auf seinem Unterlassen beruhenden Teil der Aufwendungen für Sicherungsmaßnahmen.
(3) § 110 Abs. 2, 4 und 5 gilt entsprechend.
-

§ 112 Verlust des Ersatzanspruchs

Werden bauliche Anlagen unter Verstoß gegen § 110 oder § 111 errichtet, erweitert oder wesentlich verändert, so ist ein Anspruch auf Ersatz eines Bergschadens wegen der Beschädigung dieser Anlagen und der daraus entstandenen Schäden an Personen oder Sachen ausgeschlossen, soweit der Schaden auf die Nichtbeachtung der genannten Vorschriften zurückzuführen ist. Satz 1 gilt nicht, wenn der Unternehmer seiner Pflicht zum Ersatz oder zur Tragung der Aufwendungen oder zur Vorschußleistung nach § 110 Abs. 3 und 4 oder nach § 111 Abs. 2 und 3 nicht oder nur teilweise nachgekommen ist. Bei Verstößen des Bauherrn oder Unternehmers, die nicht auf Vorsatz oder grober Fahrlässigkeit beruhen, gilt § 118 entsprechend.
-

§ 113 Bauwarnung

(1) Ist der Schutz baulicher Anlagen vor Bergschäden nach § 110 oder § 111 nicht möglich oder stehen Nachteile oder Aufwendungen für eine Anpassung im Sinne des § 110 oder für Sicherungsmaßnahmen im Sinne des § 111 in einem unangemessenen Verhältnis zu der durch diese Maßnahmen eintretenden Verminderung des Bergschadensrisikos, so kann der Unternehmer vor der Errichtung, Erweiterung oder wesentlichen Veränderung einer baulichen Anlage eine schriftliche Bauwarnung gegenüber dem Bauherrn aussprechen. Die Bauwarnung hat Angaben über die Art der zu erwartenden bergbaulichen Beeinträchtigungen der Oberfläche, über die sich daraus ergebenden wesentlichen Einwirkungen auf die bauliche Anlage und über das Vorliegen der Voraussetzungen nach Satz 1 zu enthalten.
(2) Werden bauliche Anlagen entgegen der Bauwarnung errichtet, erweitert oder

wesentlich verändert, ist ein Anspruch auf Ersatz eines Bergschadens wegen der Beschädigung dieser Anlagen und der daraus entstandenen Schäden an Personen oder Sachen ausgeschlossen. Satz 1 gilt nicht, wenn die Voraussetzungen für das Aussprechen der Bauwarnung nach Absatz 1 Satz 1 nicht vorgelegen haben oder die Errichtung, Erweiterung oder wesentliche Veränderung von Leitungen zur öffentlichen Versorgung oder Entsorgung unvermeidbar ist.

(3) Wenn ausschließlich infolge der Bauwarnung nach Absatz 1 ein Grundstück nicht bebaut oder Art oder Maß der baulichen Nutzung in der sonst zulässigen Weise nicht ausgeschöpft werden können, hat der Unternehmer Ersatz für die Minderung des Verkehrswertes des Grundstücks zu leisten. Ist es dem Eigentümer mit Rücksicht auf die Bauwarnung wirtschaftlich nicht mehr zuzumuten, das Grundstück zu behalten oder es in der bisherigen oder einer anderen zulässigen Art zu nutzen, so kann er vom Unternehmer die Übernahme des Grundstücks verlangen. In diesem Fall hat der Unternehmer den Verkehrswert, den das Grundstück ohne die Bauwarnung hätte, sowie die für die Beschaffung eines Ersatzgrundstücks erforderlichen Aufwendungen zu ersetzen. Ein Anspruch nach Satz 1 besteht insoweit nicht, als Tatsachen die Annahme rechtfertigen, daß die Absicht, eine bauliche Anlage zu errichten, zu erweitern oder wesentlich zu verändern, nur erklärt wird, um einen Wertersatz zu erlangen.

Zweiter Abschnitt
Haftung für Bergschäden

Erster Unterabschnitt
Allgemeine Bestimmungen

-

§ 114 Bergschaden

(1) Wird infolge der Ausübung einer der in § 2 Abs. 1 Nr. 1 und 2 bezeichneten Tätigkeiten oder durch eine der in § 2 Abs. 1 Nr. 3 bezeichneten Einrichtungen (Bergbaubetrieb) ein Mensch getötet oder der Körper oder die Gesundheit eines Menschen verletzt oder eine Sache beschädigt (Bergschaden), so ist für den daraus entstehenden Schaden nach den §§ 115 bis 120 Ersatz zu leisten.

(2) Bergschaden im Sinne des Absatzes 1 ist nicht

1.

ein Schaden, der an im Bergbaubetrieb beschäftigten Personen oder an im Bergbaubetrieb verwendeten Sachen entsteht,

2.

ein Schaden, der an einem anderen Bergbaubetrieb oder an den dem Aufsuchungs- oder Gewinnungsrecht eines anderen unterliegenden Bodenschätzen entsteht,

3.

ein Schaden, der durch Einwirkungen entsteht, die nach § 906 des

Bürgerlichen Gesetzbuchs nicht verboten werden können,

4.

ein Nachteil, der durch Planungsentscheidungen entsteht, die mit Rücksicht auf die Lagerstätte oder den Bergbaubetrieb getroffen werden und

5.

ein unerheblicher Nachteil oder eine unerhebliche Aufwendung im Zusammenhang mit Maßnahmen der Anpassung nach § 110.

-

§ 115 Ersatzpflicht des Unternehmers

(1) Zum Ersatz eines Bergschadens ist der Unternehmer verpflichtet, der den Bergbaubetrieb zur Zeit der Verursachung des Bergschadens betrieben hat oder für eigene Rechnung hat betreiben lassen.

(2) Ist ein Bergschaden durch zwei oder mehrere Bergbaubetriebe verursacht, so haften die Unternehmer der beteiligten Bergbaubetriebe als Gesamtschuldner. Im Verhältnis der Gesamtschuldner zueinander hängt, soweit nichts anderes vereinbart ist, die Verpflichtung zum Ersatz sowie der Umfang des zu leistenden Ersatzes von den Umständen, insbesondere davon ab, inwieweit der Bergschaden vorwiegend von dem einen oder anderen Bergbaubetrieb verursacht worden ist; im Zweifel entfallen auf die beteiligten Bergbaubetriebe gleiche Anteile.

(3) Soweit in den Fällen des Absatzes 2 die Haftung des Unternehmers eines beteiligten Bergbaubetriebes gegenüber dem Geschädigten durch Rechtsgeschäft ausgeschlossen ist, sind bis zur Höhe des auf diesen Bergbaubetrieb nach Absatz 2 Satz 2 entfallenden Anteils die Unternehmer der anderen Bergbaubetriebe von der Haftung befreit.

(4) Wird ein Bergschaden durch ein und denselben Bergbaubetrieb innerhalb eines Zeitraums verursacht, in dem der Bergbaubetrieb durch zwei oder mehrere Unternehmer betrieben wurde, so gelten die Absätze 2 und 3 entsprechend.

-

§ 116 Ersatzpflicht des Bergbauberechtigten

(1) Neben dem nach § 115 Abs. 1 ersatzpflichtigen Unternehmer ist auch der Inhaber der dem Bergbaubetrieb zugrundeliegenden Berechtigung zur Aufsuchung oder Gewinnung (Bergbauberechtigung) zum Ersatz des Bergschadens verpflichtet; dies gilt bei betriebsplanmäßig zugelassenem Bergbaubetrieb auch, wenn die Bergbauberechtigung bei Verursachung des Bergschadens bereits erloschen war oder wenn sie mit Rückwirkung aufgehoben worden ist. Der Unternehmer und der Inhaber der Bergbauberechtigung haften als Gesamtschuldner. Soweit die Haftung eines Gesamtschuldners gegenüber dem Geschädigten durch Rechtsgeschäft ausgeschlossen ist, ist auch der andere Gesamtschuldner von der Haftung befreit.

(2) Im Verhältnis der Gesamtschuldner zueinander haftet, soweit nichts anderes

vereinbart ist, allein der Unternehmer.

-

§ 117 Umfang der Ersatzpflicht, Verjährung, Rechte Dritter

(1) Der Umfang der Ersatzpflicht richtet sich nach den Vorschriften des Bürgerlichen Gesetzbuchs über die Verpflichtung zum Ersatz des Schadens im Falle einer unerlaubten Handlung, jedoch mit folgenden Einschränkungen:

1.

Im Falle der Tötung oder Verletzung eines Menschen haftet der Ersatzpflichtige für jede Person bis zu einem Kapitalbetrag von 600000 Euro oder bis zu einem Rentenbetrag von jährlich 36.000 Euro.

2.

Im Falle einer Sachbeschädigung haftet der Ersatzpflichtige nur bis zur Höhe des gemeinen Wertes der beschädigten Sache; dies gilt nicht für die Beschädigung von Grundstücken, deren Bestandteilen und Zubehör.

(2) Auf die Verjährung des Anspruchs auf Ersatz des Bergschadens finden die Vorschriften des Abschnitts 5 des Buches 1 des Bürgerlichen Gesetzbuchs entsprechende Anwendung.

(3) Für die Entschädigung gelten die Artikel 52 und 53 des Einführungsgesetzes zum Bürgerlichen Gesetzbuch entsprechend.

-

§ 118 Mitwirkendes Verschulden

Hat bei der Entstehung des Bergschadens ein Verschulden des Geschädigten mitgewirkt, so gilt § 254 des Bürgerlichen Gesetzbuchs; bei Beschädigung einer Sache steht das Verschulden desjenigen, der die tatsächliche Gewalt über die Sache ausübt, dem Verschulden des Geschädigten gleich.

-

§ 119 Mitwirkung eines Dritten

Hat bei der Entstehung eines Bergschadens eine Ursache mitgewirkt, die die Ersatzpflicht eines Dritten auf Grund eines anderen Gesetzes begründet, haften der Ersatzpflichtige und der Dritte dem Geschädigten gegenüber als Gesamtschuldner. Es gelten

1.

für den Ausgleich im Verhältnis zwischen dem nach § 115 Ersatzpflichtigen und dem Dritten § 115 Abs. 2 Satz 2 und

2.

für die Ersatzpflicht gegenüber dem Geschädigten § 115 Abs. 3 entsprechend. Der Ersatzpflichtige ist jedoch nicht verpflichtet, über die

Haftungshöchstbeträge des § 117 hinaus Ersatz zu leisten.

-

§ 120 Bergschadensvermutung

(1) Entsteht im Einwirkungsbereich der untertägigen Aufsuchung oder Gewinnung eines Bergbaubetriebes durch Senkungen, Pressungen oder Zerrungen der Oberfläche oder durch Erdrisse ein Schaden, der seiner Art nach ein Bergschaden sein kann, so wird vermutet, daß der Schaden durch diesen Bergbaubetrieb verursacht worden ist. Dies gilt nicht, wenn feststeht, daß

1.
   der Schaden durch einen offensichtlichen Baumangel oder eine baurechtswidrige Nutzung verursacht sein kann oder
2.
   die Senkungen, Pressungen, Zerrungen oder Erdrisse
   a)
      durch natürlich bedingte geologische oder hydrologische Gegebenheiten oder Veränderungen des Baugrundes oder
   b)
      von einem Dritten verursacht sein können, der, ohne Bodenschätze untertägig aufzusuchen oder zu gewinnen, im Einwirkungsbereich des Bergbaubetriebes auf die Oberfläche eingewirkt hat.

(2) Wer sich wegen eines Schadens an einer baulichen Anlage auf eine Bergschadensvermutung beruft, hat dem Ersatzpflichtigen auf Verlangen Einsicht in die Baugenehmigung und die dazugehörigen Unterlagen für diese bauliche Anlage sowie bei Anlagen, für die wiederkehrende Prüfungen vorgeschrieben sind, auch Einsicht in die Prüfunterlagen zu gewähren oder zu ermöglichen.

-

§ 121 Verhältnis zu anderen Vorschriften

Unberührt bleiben gesetzliche Vorschriften, nach denen für einen Schaden im Sinne des § 114 in weiterem Umfang als nach den Vorschriften dieses Abschnitts gehaftet wird oder nach denen ein anderer für den Schaden verantwortlich ist.

Zweiter Unterabschnitt
Bergschadensausfallkasse

-

§ 122 Ermächtigung

(1) Das Bundesministerium für Wirtschaft und Energie wird ermächtigt, durch Rechtsverordnung mit Zustimmung des Bundesrates in seinem Geschäftsbereich

eine rechtsfähige Anstalt des öffentlichen Rechts als Ausfallkasse zur Sicherung von Bergschadensansprüchen (Bergschadensausfallkasse) zu errichten, wenn

1.

    die Haftung für den Ersatz eines Bergschadens bei einem Ausfall durch die Unternehmer nicht sichergestellt ist und

2.

    die Sicherstellung sich nicht auf alle Unternehmer erstreckt, es sei denn, daß der Ersatz im Rahmen der Ausfallhaftung durch einen Unternehmer oder eine bestimmte Gruppe von Unternehmern gewährleistet ist.

(2) Die Bergschadensausfallkasse haftet bei einem Ausfall an Stelle der nach den §§ 115 und 116 Ersatzpflichtigen für den Ersatz des Bergschadens.

(3) Ein Ausfall liegt vor, soweit der Geschädigte für einen Bergschaden von keinem der nach den §§ 115 und 116 Ersatzpflichtigen einen Ersatz erlangen kann. Er gilt nur dann als eingetreten, wenn keiner der nach §§ 115 und 116 Ersatzpflichtigen mehr vorhanden ist oder soweit deren Zahlungsunfähigkeit durch Zahlungseinstellung oder auf sonstige Weise erwiesen ist. Soweit die Bergschadensausfallkasse den Geschädigten befriedigt, geht dessen Forderung gegen den Ersatzpflichtigen auf sie über.

(4) Das Nähere über die Bergschadensausfallkasse bestimmt die Satzung, die vom Bundesministerium für Wirtschaft und Energie durch Rechtsverordnung ohne Zustimmung des Bundesrates aufgestellt wird.

-

§ 123 Durchführungsverordnung

Das Bundesministerium für Wirtschaft und Energie wird ermächtigt, durch Rechtsverordnung, die nicht der Zustimmung des Bundesrates bedarf, Vorschriften zu erlassen über

1.

    die Beitragspflicht, die Beitragspflichtigen und, soweit erforderlich, deren Einteilung in Beitragsklassen, sowie über die Abgrenzung der Zuordnung der Beitragspflichtigen zu den einzelnen Beitragsklassen,

2.

    die Bemessung der Beiträge,

3.

    das Verfahren zur Feststellung der Beitragspflichtigen,

4.

    die Pflicht zur Erteilung von Auskünften und Vorlage von Unterlagen, soweit dies zur Beitragsbemessung erforderlich ist, und

5.

    die Aufsicht über die Bergschadensausfallkasse.

Dritter Abschnitt
Bergbau und öffentliche Verkehrsanlagen

-

§ 124 Öffentliche Verkehrsanlagen

(1) Die Errichtung, Erweiterung, wesentliche Veränderung und der Betrieb von öffentlichen Verkehrsanlagen und von Gewinnungsbetrieben sind in gegenseitiger Rücksichtnahme so zu planen und durchzuführen, daß die Gewinnung von Bodenschätzen durch öffentliche Verkehrsanlagen und öffentliche Verkehrsanlagen durch die Gewinnung von Bodenschätzen so wenig wie möglich beeinträchtigt werden. Im übrigen sind die §§ 110 bis 112 entsprechend anzuwenden, soweit sich aus den Absätzen 2 und 3 nichts anderes ergibt.

(2) Die Aufwendungen für die Anpassung im Sinne des § 110 und für Sicherungsmaßnahmen im Sinne des § 111 trägt der Träger der öffentlichen Verkehrsanlage, soweit Anpassung und Sicherungsmaßnahmen dazu dienen, Bergschäden an Verkehrsanlagen aus einem bis zur Festlegung eines Planungsgebietes oder zur Planauslegung betriebsplanmäßig zugelassenen Abbau zu vermeiden oder zu vermindern. Im übrigen trägt sie der Unternehmer, dessen Gewinnungsbetrieb die Anpassung und Sicherungsmaßnahmen erforderlich macht. An die Stelle der Planoffenlegung nach Satz 1 tritt im vereinfachten Planfeststellungsverfahren der Zeitpunkt, in dem den Betroffenen Gelegenheit gegeben wird, den Plan einzusehen, bei Verkehrsanlagen, die durch einen Bebauungsplan festgesetzt werden, die öffentliche Auslegung des Entwurfs des Bebauungsplans; bei Anlagen, die ohne formelle Planung hergestellt werden, ist die Zustimmung der höheren Verwaltungsbehörde, sofern eine solche nicht erforderlich ist, der Beginn der Herstellungsarbeiten maßgebend. Die Sätze 1 bis 3 gelten nicht für die Errichtung, Erweiterung, wesentliche Veränderung und den Betrieb von öffentlichen Verkehrsanlagen, wenn die Kosten für die jeweilige Maßnahme von den Eigentümern der Grundstücke, die an die Verkehrsanlage angrenzen, ganz oder überwiegend zu tragen sind.

(3) Soweit der gleichzeitige Betrieb einer öffentlichen Verkehrsanlage und eines Gewinnungsbetriebes ohne eine wesentliche Beeinträchtigung der öffentlichen Verkehrsanlage ausgeschlossen ist, gehen die Errichtung, Erweiterung, wesentliche Änderung und der Betrieb der öffentlichen Verkehrsanlage der Gewinnung von Bodenschätzen vor, es sei denn, daß das öffentliche Interesse an der Gewinnung der Bodenschätze überwiegt.

(4) Ist Voraussetzung für die Errichtung, Erweiterung, wesentliche Änderung oder den Betrieb einer öffentlichen Verkehrsanlage, daß der Unternehmer in seinem Gewinnungsbetrieb Einrichtungen herstellt, beseitigt oder ändert, so ist ihm vom Träger der öffentlichen Verkehrsanlage Ersatz in Geld zu leisten, soweit seine Maßnahmen ausschließlich der Sicherung der Verkehrsanlage dienen. Dies gilt nicht, wenn die Gewinnungsberechtigung erst nach der für die öffentliche Verkehrsanlage erforderlichen Planoffenlegung entstanden ist; Absatz 2 Satz 3 ist

entsprechend anzuwenden.

Vierter Abschnitt
Beobachtung der Oberfläche

-

§ 125 Messungen

(1) Die beteiligten Unternehmer haben auf ihre Kosten auf Verlangen und unter Aufsicht der zuständigen Behörde die Messungen durchführen zu lassen, die zur Erleichterung der Feststellung von Art und Umfang zu erwartender und zur Beobachtung eingetretener Einwirkungen des Bergbaus auf die Oberfläche erforderlich sind. Die Ergebnisse der Messungen sind unverzüglich bei der zuständigen Behörde einzureichen. Für die Einsicht in die Ergebnisse gilt § 63 Abs. 4 entsprechend.

(2) Messungen nach Absatz 1 können nur für Gebiete verlangt werden, in denen Beeinträchtigungen der Oberfläche durch Bergbaubetriebe mit Auswirkungen auf bauliche Anlagen eingetreten oder zu erwarten sind, wenn die Messungen zur Verhütung von Gefahren für Leben, Gesundheit oder bedeutende Sachgüter von Bedeutung sein können.

(3) Die Eigentümer und sonstigen Nutzungsberechtigten haben, soweit dies zur Durchführung der Messungen nach Absatz 1 erforderlich ist, das Betreten ihrer Grundstücke und das Anbringen von Meßmarken zu dulden. § 39 Abs. 1 Satz 1 Nr. 2 und Absatz 2 Nr. 2 gilt entsprechend. Für dabei entstehende Schäden haben die beteiligten Unternehmer eine angemessene Entschädigung an Geld zu leisten.

(4) Das Bundesministerium für Wirtschaft und Energie wird ermächtigt, durch Rechtsverordnung mit Zustimmung des Bundesrates Vorschriften zu erlassen über

1.

   die nach Absatz 1 im einzelnen durchzuführenden Messungen und die Anforderungen, denen sie zur Erreichung der in Absatz 1 bezeichneten Zwecke genügen müssen,

2.

   die Überwachung der Durchführung von Messungen im Sinne des Absatzes 1,

3.

   die Anforderungen an die Voraussetzungen, die nach Absatz 2 an die Gebiete gestellt werden, für die Messungen verlangt werden können.

In der Rechtsverordnung kann die entsprechende Anwendung des § 70 Abs. 1 bis 3 vorgeschrieben und bei der Bestimmung von Anforderungen im Sinne des Satzes 1 Nr. 1 auf Bekanntmachungen sachverständiger Stellen unter Angabe der Fundstelle verwiesen werden.

Achter Teil
Sonstige Tätigkeiten und Einrichtungen

-

§ 126 Untergrundspeicherung

(1) Auf Untersuchungen des Untergrundes auf seine Eignung zur Errichtung von Untergrundspeichern und auf Untergrundspeicher sind die §§ 39, 40, 48, 50 bis 74, 77 bis 104, 106 und 131 entsprechend anzuwenden. Mit der Vorlage des ersten Betriebsplans hat der Unternehmer nachzuweisen, daß er eine allgemeine Beschreibung des geplanten Untergrundspeichers unter möglichst genauer Angabe der Lage und der voraussichtlich größten Ausdehnung im Untergrund durch Veröffentlichung in mindestens zwei der im Bereich des Standorts des Untergrundspeichers allgemein verbreiteten Tageszeitungen mindestens einen Monat vorher bekanntgemacht hat. Bei nachträglichen Veränderungen ist dieser Nachweis erneut zu erbringen, wenn sich die Ausdehnung des Untergrundspeichers im Untergrund wesentlich ändert.

(2) Eine Untersuchung des Untergrundes auf seine Eignung zur Errichtung von Untergrundspeichern liegt nur vor, soweit damit eine Aufsuchung nicht verbunden ist.

(3) Auf die Errichtung und den Betrieb einer Anlage zur Lagerung, Sicherstellung oder Endlagerung radioaktiver Stoffe im Sinne des Atomgesetzes in der Fassung der Bekanntmachung vom 31. Oktober 1976 (BGBl. I S. 3053), zuletzt geändert durch *Artikel 14 des Gesetzes vom 28. März 1980 (BGBl. I S. 373),* sind die §§ 39, 40, 48, 50 bis 74 und 77 bis 104 und 106 entsprechend anzuwenden, wenn die Anlage ihrer Art nach auch zur unterirdischen behälterlosen Speicherung geeignet ist.

-

§ 127 Bohrungen

(1) Für die nicht unter § 2 fallenden Bohrungen und die dazugehörigen Betriebseinrichtungen gelten, wenn die Bohrungen mehr als hundert Meter in den Boden eindringen sollen, die §§ 50 bis 62 und 65 bis 74 mit folgender Maßangabe entsprechend:

1.

   Beginn und Einstellung der Bohrarbeiten sind mindestens zwei Wochen vorher anzuzeigen. Müssen Bohrarbeiten schon in kürzerer Frist eingestellt werden, so ist die Anzeige unverzüglich zu erstatten.

2.

   § 51 Abs. 1 gilt nur, wenn die zuständige Behörde die Einhaltung der Betriebsplanpflicht im Einzelfall mit Rücksicht auf den Schutz Beschäftigter oder Dritter oder die Bedeutung des Betriebes für erforderlich erklärt.

3.

Als Unternehmer ist auch anzusehen, wer eine Bohrung auf fremde Rechnung ausführt.

4.

Die Auskunftspflicht nach § 70 Abs. 1 gilt auch für die Aufschlußergebnisse.

5.

Die Erfüllung der Pflichten durch einen Unternehmer befreit die übrigen mitverpflichteten Unternehmer.

(2) Die Vorschriften des Wasserhaushaltsgesetzes, der Landeswassergesetze und der auf Grund dieser Gesetze erlassenen Rechtsverordnungen bleiben unberührt.

-

§ 128 Alte Halden

Für das Aufsuchen und Gewinnen mineralischer Rohstoffe in Halden gelten die §§ 39, 40, 42, 48, 50 bis 74 und 77 bis 104 und 106 entsprechend, wenn die mineralischen Rohstoffe als Bodenschätze unter § 3 Abs. 3 und 4 fallen würden und aus einer früheren Aufsuchung, Gewinnung oder Aufbereitung von Bodenschätzen stammen.

-

§ 129 Versuchsgruben, Bergbauversuchsanstalten

(1) Für Versuchsgruben gelten die §§ 50 bis 74, für nicht unter § 2 fallende, wie ein Gewinnungsbetrieb eingerichtete bergbauliche Ausbildungsstätten sowie für Besucherbergwerke und Besucherhöhlen die §§ 50 bis 62 und 65 bis 74 entsprechend.

(2) Das Bundesministerium für Wirtschaft und Energie wird ermächtigt, durch Rechtsverordnung mit Zustimmung des Bundesrates die in Absatz 1 genannten Vorschriften auf sonstige bergbauliche Versuchsanstalten für entsprechend anwendbar zu erklären und die zugehörigen Bußgeldvorschriften zu erstrecken, soweit dies zum Schutze der in § 55 Abs. 1 bezeichneten Rechtsgüter und Belange erforderlich ist.

-

§ 130

-

-

§ 131 Hauptstellen für das Grubenrettungswesen

(1) Unternehmer, die einen untertägigen Gewinnungsbetrieb oder einen Gewinnungsbetrieb mit brand- oder explosionsgefährdeten Anlagen oder mit

Anlagen betreiben, in denen unatembare oder giftige Gase oder Dämpfe auftreten können, müssen zur Wahrnehmung gemeinsamer Aufgaben auf dem Gebiet des Grubenrettungs- und Gasschutzwesens Hauptstellen für das Grubenrettungswesen bilden und unterhalten oder solchen angeschlossen sein.

(2) Das Bundesministerium für Wirtschaft und Energie wird ermächtigt, durch Rechtsverordnung, die der Zustimmung des Bundesrates bedarf, Vorschriften über Aufgaben, Anzahl, Organisation und Ausstattung der Hauptstellen zu erlassen, soweit dies zur Wahrung der Sicherheitsaufgaben und zur Gewährleistung der Einsatzbereitschaft der Hauptstellen und ihrer Einrichtungen erforderlich ist.

(3) Auf Hauptstellen für das Grubenrettungswesen sind die §§ 58 bis 62 und, soweit die Hauptstellen nicht von einem Träger der gesetzlichen Unfallversicherung unterhalten werden, für die Überwachung der Einhaltung des Absatzes 1, der §§ 58 bis 62 und der Rechtsverordnungen nach Absatz 2 die §§ 69 bis 74 entsprechend anzuwenden.

Neunter Teil
Besondere Vorschriften für den Festlandsockel

-

§ 132 Forschungshandlungen

(1) Wer in bezug auf den Festlandsockel an Ort und Stelle Forschungshandlungen vornehmen will, die ihrer Art nach zur Entdeckung oder Feststellung von Bodenschätzen offensichtlich ungeeignet sind, bedarf hinsichtlich der Ordnung der Nutzung und Benutzung der Gewässer über dem Festlandsockel und des Luftraumes über diesen Gewässern der Genehmigung des Bundesamtes für Seeschiffahrt und Hydrographie. Andere mit Bezug auf den Festlandsockel an Ort und Stelle vorgenommene Forschungshandlungen gelten auch über § 4 Abs. 1 hinaus als Aufsuchung.

(2) Die Genehmigung darf nur versagt werden, wenn

1.

    das Gebiet, in dem die Forschungshandlung vorgenommen werden soll, nicht in einem Lageplan genau bezeichnet ist,

2.

    dem Bundesamt für Seeschiffahrt und Hydrographie keine Angaben über das Forschungsprogramm und über dessen technische Durchführung gemacht werden oder

3.

    überwiegende öffentliche Interessen entgegenstehen, insbesondere durch die beabsichtigte Forschungshandlung

    a)

        der Betrieb und die Wirkung von Schiffahrtsanlagen und -zeichen,

    b)

        die Benutzung der Schiffahrtswege und des Luftraumes, die Schiffahrt, der Fischfang und die Pflanzen- und Tierwelt in unvertretbarer Weise,

c)

das Legen, die Unterhaltung und der Betrieb von Unterwasserkabeln und Rohrleitungen sowie ozeanographische oder sonstige wissenschaftliche Forschungen mehr als nach den Umständen unvermeidbar
beeinträchtigt würden,

d)

eine Verunreinigung des Meeres zu besorgen ist oder

e)

die Sicherheit der Bundesrepublik Deutschland gefährdet wird.

(3) Forschungshandlungen im Sinne des Absatzes 1 Satz 1 unterliegen, soweit sich aus § 134 nichts anderes ergibt, der Überwachung durch das Bundesamt für Seeschiffahrt und Hydrographie; die §§ 70 und 71 Abs. 1 und 2 sind anzuwenden. Unberührt bleibt die Flugverkehrskontrolle im Luftraum über dem Festlandsockel auf Grund internationaler Vereinbarungen.

(4) Werden Forschungshandlungen in bezug auf den Festlandsockel ohne Genehmigung vorgenommen, so hat das Bundesamt für Seeschiffahrt und Hydrographie die Fortsetzung der unerlaubten Tätigkeit zu untersagen. § 72 Abs. 1 Satz 2 gilt entsprechend. Widerspruch und Anfechtungsklage gegen Anordnungen nach den Sätzen 1 und 2 haben keine aufschiebende Wirkung.

-

§ 133 Unterwasserkabel und Transit-Rohrleitungen

(1) Die Errichtung und der Betrieb einer Transit-Rohrleitung in oder auf dem Festlandsockel bedarf einer Genehmigung

1.

in bergbaulicher Hinsicht und

2.

hinsichtlich der Ordnung der Nutzung und Benutzung der Gewässer über dem Festlandsockel und des Luftraumes über diesen Gewässern.
Für die Erteilung der Genehmigung nach Satz 1 Nr. 1 ist die gemäß § 136 bestimmte Behörde und für die Genehmigung nach Satz 1 Nr. 2 das Bundesamt für Seeschiffahrt und Hydrographie zuständig. Die Genehmigung nach Satz 1 Nr. 2 darf nur nach Vorliegen der Genehmigung nach Satz 1 Nr. 1 erteilt werden.

(2) Die Genehmigungen nach Absatz 1 dürfen nur versagt werden, wenn eine Gefährdung des Lebens oder der Gesundheit von Personen oder von Sachgütern oder eine Beeinträchtigung überwiegender öffentlicher Interessen zu besorgen ist, die nicht durch eine Befristung, durch Bedingungen oder Auflagen verhütet oder ausgeglichen werden kann. Eine Beeinträchtigung überwiegender öffentlicher Interessen liegt insbesondere in den in § 132 Abs. 2 Nr. 3 genannten Fällen vor. Die nachträgliche Aufnahme, Änderung oder Ergänzung von Auflagen ist zulässig, wenn sie für den Unternehmer und für Rohrleitungen vergleichbarer Art

wirtschaftlich vertretbar und nach den allgemein anerkannten Regeln der Technik erfüllbar ist.

(2a) Für die Errichtung und den Betrieb einer Transit-Rohrleitung, die zugleich ein Vorhaben im Sinne des § 3 des Gesetzes über die Umweltverträglichkeitsprüfung ist, ist eine Prüfung der Umweltverträglichkeit im Genehmigungsverfahren nach Absatz 1 Satz 1 Nr. 2 nach dem Gesetz über die Umweltverträglichkeitsprüfung durchzuführen. Bei der Anwendung der Vorschriften des Verwaltungsverfahrensgesetzes nach § 9 Abs. 1 Satz 3 des Gesetzes über die Umweltverträglichkeitsprüfung tritt an die Stelle der Gemeinde die Genehmigungsbehörde. Auf die Auslegung der Unterlagen nach § 6 des Gesetzes über die Umweltverträglichkeitsprüfung ist durch amtliche Bekanntmachung im Verkündungsblatt der Genehmigungsbehörde und durch Veröffentlichung in zwei überregionalen Tageszeitungen hinzuweisen.

(3) Für die Errichtung und den Betrieb einer Transit-Rohrleitung gelten die §§ 58 bis 62 und 65 bis 74 mit folgender Maßgabe entsprechend:
Für die Aufsicht nach den §§ 69 bis 74 ist, soweit sich aus § 134 nichts anderes ergibt, das Bundesamt für Seeschiffahrt und Hydrographie im Rahmen des mit der Genehmigung nach Absatz 1 Satz 1 Nr. 2 verfolgten Zwecks, im übrigen die nach § 136 bestimmte Behörde zuständig.

(4) Die Absätze 1 bis 3 gelten entsprechend für die Verlegung und den Betrieb von Unterwasserkabeln.

-

§ 134 Überwachung und Vollziehung von Verwaltungsakten, Zusammenwirken

(1) Im Bereich des Festlandsockels überwachen die in § 6 Nr. 1, 2 und 4 des Gesetzes über den unmittelbaren Zwang bei Ausübung öffentlicher Gewalt durch Vollzugsbeamte des Bundes in der im Bundesgesetzblatt Teil III, Gliederungsnummer 201-5, veröffentlichten bereinigten Fassung, zuletzt geändert durch Artikel 326 Abs. 5 des Gesetzes vom 2. März 1974 (BGBl. I S. 469), bezeichneten Vollzugsbeamten, daß

1.
   nicht unbefugt eine Aufsuchung oder Gewinnung durchgeführt, eine Forschungshandlung vorgenommen, ein Unterwasserkabel verlegt oder betrieben oder eine Transit-Rohrleitung errichtet oder betrieben wird und

2.
   die nach § 72 Abs. 1, § 132 Abs. 4 und § 133 Abs. 3, auch in Verbindung mit Abs. 4 erlassenen Anordnungen durchgeführt werden.
§ 70 Abs. 2 gilt entsprechend.

(2) Im Bereich des Festlandsockels werden die auf Grund dieses Gesetzes erlassenen Verwaltungsakte nach dem Verwaltungs-Vollstreckungsgesetz in der im Bundesgesetzblatt Teil III, Gliederungsnummer 201-4, veröffentlichten bereinigten Fassung, zuletzt geändert durch Artikel 40 des Gesetzes vom 14. Dezember 1976 (BGBl. I S. 3341), und dem Gesetz über den unmittelbaren Zwang bei Ausübung

öffentlicher Gewalt durch Vollzugsbeamte des Bundes vollzogen. Unmittelbarer Zwang wird von den Vollzugsbeamten der Bundespolizei und der Zollverwaltung angewandt.

(3) Die Bundesministerien für Verkehr und digitale Infrastruktur, des Innern und der Finanzen regeln im Einvernehmen mit dem Bundesministerium für Wirtschaft und Energie durch Vereinbarung das Zusammenwirken der Wasser- und Schiffahrtsverwaltung, der Bundespolizei und der Zollverwaltung.

-

§ 135 Gebühren- und Auslagenermächtigung

Für individuell zurechenbare öffentliche Leistungen von Bundesbehörden auf Grund der §§ 132 bis 134 werden Gebühren und Auslagen erhoben. Das Bundesministerium für Verkehr und digitale Infrastruktur bestimmt im Einvernehmen mit dem Bundesministerium für Wirtschaft und Energie durch Rechtsverordnung ohne Zustimmung des Bundesrates die gebührenpflichtigen Tatbestände näher und sieht dabei feste Sätze oder Rahmensätze vor. Die Gebührensätze sind so zu bemessen, dass der mit den individuell zurechenbaren öffentlichen Leistungen verbundene Personal- und Sachaufwand gedeckt wird; bei begünstigenden individuell zurechenbaren öffentlichen Leistungen kann daneben die Bedeutung, der wirtschaftliche Wert oder der sonstige Nutzen für den Gebührenschuldner angemessen berücksichtigt werden.

-

§ 136 Zuständigkeiten für sonstige Verwaltungsaufgaben

Soweit sich aus den §§ 132 bis 134 nichts anderes ergibt, nimmt die Verwaltungsaufgaben nach diesem Gesetz und den hierzu erlassenen Bergverordnungen für den Bereich des Festlandsockels die zuständige Landesbehörde wahr.

-

§ 137 Übergangsregelung

(1) Die Zuständigkeit der Länder im Bereich des Festlandsockels richtet sich nach dem Äquidistanzprinzip. Eine Feldes- oder Förderabgabe ist an das Land zu entrichten, an dessen Küstengewässer das Feld einer Erlaubnis, Bewilligung oder eines Bergwerkseigentums im Bereich des Festlandsockels angrenzt; die Zuordnung eines Feldes zum Gebiet des Landes bestimmt sich nach dem Äquidistanzprinzip.

(2) Die endgültige Regelung der Rechte am Festlandsockel einschließlich einer Regelung über die Zuweisung der Feldes- und Förderabgabe bleibt einem besonderen Gesetz vorbehalten.

Zehnter Teil
Bundesprüfanstalt, Sachverständigenausschuß, Durchführung

Erstes Kapitel
Bundesprüfanstalt für den Bergbau

-

§ 138 Errichtung

Das Bundesministerium für Wirtschaft und Energie wird ermächtigt, durch Rechtsverordnung mit Zustimmung des Bundesrates in seinem Geschäftsbereich eine Bundesprüfanstalt für den Bergbau (Bundesprüfanstalt) als nicht rechtsfähige Anstalt des öffentlichen Rechts zu errichten, soweit dies erforderlich ist, um sicherzustellen, daß Prüfungen oder Abnahmen im Sinne des § 65 Nr. 3 oder 4 nicht durch eine Stelle vorgenommen werden,

1.

   die in ihrer Ausstattung dem Stand von Wissenschaft und Technik für die Prüfungen oder Abnahmen nicht entspricht,

2.

   die nicht über das erforderliche fachkundige und zuverlässige Personal verfügt,

3.

   in der die beschäftigten Personen keine hinreichende Gewähr für ihre Unparteilichkeit bieten, insbesondere in einem Bindungs- oder Abhängigkeitsverhältnis stehen, das eine unparteiische Prüftätigkeit beeinflussen könnte,

4.

   deren Träger als Unternehmer tätig ist oder zu einem Unternehmer in einem Bindungs- oder Abhängigkeitsverhältnis steht, das eine unparteiische Prüftätigkeit beeinflussen könnte,

5.

   deren Träger nicht in der Lage oder bereit ist, die für die Unterhaltung und den ordnungsgemäßen Betrieb der Stelle erforderlichen Mittel aufzubringen oder

6.

   deren Träger nicht in der Lage ist, den Schaden zu ersetzen, der dem Staat wegen seiner Haftung für Amtspflichtverletzungen des Prüfstellenpersonals entstehen kann.

-

§ 139 Aufgaben

Die Bundesprüfanstalt hat Prüfungen und Abnahmen im Sinne des § 65 Nr. 3 und

4 durchzuführen, soweit dies in Bergverordnungen des Bundesministeriums für Wirtschaft und Energie nach § 65 vorgesehen ist, und im Rahmen ihrer Aufgaben die nach diesem Gesetz zuständigen Behörden und die Unternehmen zu beraten.

-

§ 140 Inanspruchnahme, Gebühren

(1) Das Bundesministerium für Wirtschaft und Energie wird ermächtigt, durch Rechtsverordnung, die nicht der Zustimmung des Bundesrates bedarf, Vorschriften über die vertragliche Inanspruchnahme der Bundesprüfanstalt und die Gebühren und Auslagen für ihre Nutzleistungen zu erlassen. Die Gebühren sind nach dem Personal- und Sachaufwand für die Nutzleistung unter Berücksichtigung ihres wirtschaftlichen Wertes für den Antragsteller zu bestimmen. Der Personalaufwand kann nach der Zahl der Stunden bemessen werden, die Bedienstete der Bundesprüfanstalt für Prüfungen und Untersuchungen bestimmter Arten von Prüf- oder Untersuchungsgegenständen durchschnittlich benötigen.

(2) Die Gebühr für eine Nutzleistung darf in der Regel zehntausend Deutsche Mark nicht übersteigen. Erfordert die Nutzleistung einen außergewöhnlichen Aufwand, insbesondere für die Prüfung oder Abnahme umfangreicher Anlagen, so kann der Höchstbetrag um den entsprechenden Mehrbetrag überschritten werden.

(3) Für die Abgeltung mehrfacher gleichartiger Nutzungsleistungen für denselben Empfänger können Pauschgebühren vorgesehen werden. Bei der Bemessung der Pauschgebührensätze ist der geringere Umfang des Verwaltungsaufwandes zu berücksichtigen.

Zweites Kapitel
Sachverständigenausschuß, Durchführung

-

§ 141 Sachverständigenausschuß Bergbau

Das Bundesministerium für Wirtschaft und Energie wird ermächtigt, durch Rechtsverordnung, die nicht der Zustimmung des Bundesrates bedarf, einen Sachverständigenausschuß für den Bergbau zu errichten, der es in allen Fragen der Bergtechnik, insbesondere der Sicherheitstechnik, berät und zu den von ihm zu erlassenden Bergverordnungen Stellung nimmt. Dem Ausschuß sollen ein Vertreter des Bundesministeriums für Wirtschaft und Energie als Vorsitzender sowie Vertreter der beteiligten Bundesministerien, der Landesregierungen, der fachlich zuständigen Landesbehörden, der Träger der gesetzlichen Unfallversicherung, der Wirtschaft und der Gewerkschaften angehören. In der Rechtsverordnung kann das Nähere über die Zusammensetzung, die Berufung der Mitglieder sowie das Verfahren des Ausschusses geregelt werden.

-

§ 142 Zuständige Behörden

Die Landesregierungen oder die von ihnen bestimmten Stellen bestimmen die für die Ausführung dieses Gesetzes zuständigen Behörden, soweit nicht Bundesbehörden zuständig sind. Unberührt bleiben Vorschriften des Landesrechts, nach denen für ein Land Behörden eines anderen Landes zuständig sind.

-

§ 143 Verwaltungsvorschriften

(1) Das Bundesministerium für Wirtschaft und Energie erläßt mit Zustimmung des Bundesrates zur Durchführung dieses Gesetzes und der auf Grund dieses Gesetzes erlassenen Rechtsverordnungen des Bundes allgemeine Verwaltungsvorschriften. Für Bergverordnungen, die auf Grund von § 68 Abs. 2 erlassen worden sind, gilt dies nur, soweit der Schutz der in den §§ 65 bis 67 bezeichneten Rechtsgüter und Belange durch Verwaltungsvorschriften der zuständigen Behörden nicht gleichwertig sichergestellt wird. § 68 Abs. 3 gilt entsprechend.
(2) Soweit allgemeine Verwaltungsvorschriften nach Absatz 1 an Bundesbehörden gerichtet sind, bedürfen sie nicht der Zustimmung des Bundesrates.

Elfter Teil
Rechtsweg, Bußgeld- und Strafvorschriften

-

§ 144 Klage vor den ordentlichen Gerichten

(1) Für Rechtsstreitigkeiten über Entschädigungen ist der ordentliche Rechtsweg gegeben.
(2) Für die Klage sind die Landgerichte ohne Rücksicht auf den Wert des Streitgegenstandes ausschließlich zuständig. Örtlich ist das Landgericht ausschließlich zuständig, in dessen Bezirk der in Anspruch genommene Gegenstand liegt.
(3) Die Klage ist innerhalb eines Monats zu erheben. Die Frist beginnt

1.
   mit der Zustellung der Entscheidung der Behörde oder,

2.
   falls in derselben Sache ein Verwaltungsstreitverfahren eingeleitet wird, mit dem rechtskräftigen Abschluß dieses Verfahrens.

Die Frist ist eine Notfrist im Sinne der Zivilprozeßordnung.
(4) Der Rechtsstreit ist zwischen dem Entschädigungsberechtigten und dem Entschädigungsverpflichteten zu führen. Dies gilt sinngemäß, wenn der Rechtsstreit eine Ausgleichszahlung betrifft.
(5) Das Gericht übersendet der nach § 92 zuständigen Behörde eine Ausfertigung

der Entscheidung oder des Vergleichs.

-

§ 145 Ordnungswidrigkeiten

(1) Ordnungswidrig handelt, wer vorsätzlich oder fahrlässig

1.

entgegen § 6 Satz 1 bergfreie Bodenschätze ohne Erlaubnis aufsucht oder ohne Bewilligung oder Bergwerkseigentum gewinnt,

2.

einer vollziehbaren Auflage nach § 16 Abs. 3 zuwiderhandelt,

3.

die Grenze seiner Gewinnungsberechtigung überschreitet, ohne daß die Voraussetzungen des § 44 Abs. 1 Satz 1, auch in Verbindung mit § 47 Abs. 1 Satz 1 Nr. 1, vorliegen,

4.

entgegen § 50 Abs. 1 Satz 1 oder Absatz 2 Satz 1 die Errichtung, Aufnahme oder Einstellung eines dort bezeichneten Betriebes nicht rechtzeitig anzeigt,

5.

entgegen § 50 Abs. 3 Satz 1 der Anzeige nicht einen vorschriftsmäßigen Abbauplan beifügt oder entgegen § 50 Abs. 3 Satz 2 eine wesentliche Änderung nicht unverzüglich anzeigt,

6.

einen nach § 51 betriebsplanpflichtigen Betrieb ohne zugelassenen Betriebsplan errichtet, führt oder, ohne daß die Voraussetzungen des § 57 Abs. 1 Satz 1 oder Absatz 2 vorliegen, einstellt oder Abweichungen von einem zugelassenen Betriebsplan anordnet,

7.

entgegen § 53 Abs. 2 dem Abschlußbetriebsplan nicht die vorgeschriebene Betriebschronik beifügt,

8.

einer mit einer Betriebsplanzulassung nach § 55 verbundenen vollziehbaren Auflage oder einer vollziehbaren Auflage nach § 56 Abs. 1 Satz 2, auch in Verbindung mit § 56 Abs. 3, zuwiderhandelt,

9.

entgegen § 57 Abs. 1 Satz 2, auch in Verbindung mit § 57 Abs. 2, eine Anordnung nicht, nicht richtig, nicht vollständig oder nicht unverzüglich anzeigt,

10.

einer Vorschrift des § 59 Abs. 1 oder § 60 Abs. 1 über die Beschäftigung, Bestellung oder Abberufung verantwortlicher Personen oder des § 60 Abs. 2 über die Namhaftmachung verantwortlicher Personen oder die Anzeige der Änderung ihrer Stellung oder ihres Ausscheidens zuwiderhandelt,

11.

entgegen § 61 Abs. 2 Satz 1 Verwaltungsakte den verantwortlichen Personen nicht, nicht richtig, nicht vollständig oder nicht unverzüglich zur Kenntnis gibt,

12.

entgegen § 61 Abs. 2 Satz 2 nicht dafür sorgt, daß Betriebspläne und deren Zulassung jederzeit eingesehen werden können,

13.

entgegen § 63 Abs. 1 bis 3 Satz 1 das Rißwerk nicht vorschriftsmäßig anfertigt oder nachträgt, der zuständigen Behörde nicht einreicht oder nicht ordnungsgemäß aufbewahrt,

13a.

(weggefallen)

14.

entgegen § 70 Abs. 1 eine Auskunft nicht, nicht richtig oder nicht vollständig erteilt oder Unterlagen nicht vorlegt,

15.

entgegen § 70 Abs. 2 Satz 4 oder 5 das Betreten von Grundstücken, Geschäftsräumen, Einrichtungen oder Wasserfahrzeugen, die Vornahme von Prüfungen oder Befahrungen, die Entnahme von Proben oder die Einsichtnahme in geschäftliche oder betriebliche Unterlagen nicht duldet oder Beauftragte bei Befahrungen nicht begleitet,

16.

entgegen einer vollziehbaren Untersagung nach § 73 Abs. 1 Satz 1 eine verantwortliche Person weiterbeschäftigt,

17.

entgegen § 74 Abs. 2 Satz 1 auf Verlangen die erforderlichen Arbeitskräfte oder Hilfsmittel nicht unverzüglich zur Verfügung stellt,

18.

entgegen § 74 Abs. 3 ein Betriebsereignis nicht, nicht richtig, nicht vollständig oder nicht unverzüglich anzeigt,

19.

entgegen § 125 Abs. 1 Satz 1 oder 2 die verlangten Messungen nicht durchführt oder deren Ergebnisse nicht, nicht richtig, nicht vollständig oder nicht unverzüglich einreicht oder entgegen § 125 Abs. 3 Satz 1 das Betreten eines Grundstücks oder das Anbringen von Meßmarken nicht duldet,

20.

ohne Genehmigung nach § 132 Abs. 1 Satz 1 Forschungshandlungen im Bereich des Festlandsockels vornimmt,

21.

ohne die Genehmigungen nach § 133 Abs. 1 Satz 1, auch in Verbindung mit Abs. 4, ein Unterwasserkabel oder eine Transit-Rohrleitung in oder auf dem Festlandsockel verlegt, errichtet oder betreibt,

22.

entgegen § 169 Abs. 1 Nr. 1 den Betrieb nicht unverzüglich anzeigt oder entgegen § 169 Abs. 1 Nr. 3 verantwortliche Personen nicht rechtzeitig bestellt oder nicht namhaft macht.

(2) Die Vorschriften des Absatzes 1

a)

Nummer 4, 6 und 8 bis 18 gelten auch für Untersuchungen des Untergrundes und Untergrundspeicher nach § 126 Abs. 1, für die Errichtung und den Betrieb von Anlagen zur Lagerung, Sicherstellung oder Endlagerung radioaktiver Stoffe nach § 126 Abs. 3 sowie für das Aufsuchen und Gewinnen mineralischer Rohstoffe in alten Halden nach § 128,

b)

Nummer 4, 6, 8 bis 12 und 14 bis 18 gelten auch für Bohrungen nach § 127 Abs. 1 und Hohlraumbauten nach § 130,

c)

Nummer 4, 6, 8 bis 16 und 18 gelten auch für Versuchsgruben nach § 129 Abs. 1,

d)

Nummer 4, 6, 8 bis 12, 14 bis 16 und 18 gelten auch für bergbauliche Ausbildungsstätten sowie für Besucherbergwerke und Besucherhöhlen nach § 129 Abs. 1,

e)

Nummer 10, 11 und 14 bis 17 gelten auch für Hauptstellen für das Grubenrettungswesen nach § 131 Abs. 3,

f)

Nummer 14 und 15 gelten auch für Forschungshandlungen nach § 132 Abs. 3,

g)

Nummer 10, 11, 14 bis 16 und 18 gelten auch für Transit-Rohrleitungen nach § 133 Abs. 3 und Unterwasserkabel nach § 133 Abs. 4.

(3) Ordnungswidrig handelt auch, wer vorsätzlich oder fahrlässig einer Rechtsverordnung nach

1.

§ 32 Abs. 1, §§ 67, 123, § 125 Abs. 4 oder § 131 Abs. 2 oder

2.

§ 65 und § 66 mit Ausnahme von Satz 1 Nr. 4 Buchstabe e zuwiderhandelt, soweit sie für einen bestimmten Tatbestand auf diese Bußgeldvorschrift verweist.

(4) Die Ordnungswidrigkeit kann in den Fällen des Absatzes 1 Nr. 1, 2, 6, 8 bis 11, 15 bis 18, 20, 21 und des Absatzes 3 Nr. 2 mit einer Geldbuße bis zu fünfundzwanzigtausend Euro, in den Fällen des Absatzes 1 Nr. 3 bis 5, 7, 12 bis 14, 19, 22 und des Absatzes 3 Nr. 1 mit einer Geldbuße bis zu zweitausendfünfhundert Euro, jeweils auch in Verbindung mit Absatz 2, geahndet werden.

(5) Verwaltungsbehörde im Sinne des § 36 Abs. 1 Nr. 1 des Gesetzes über Ordnungswidrigkeiten ist für Ordnungswidrigkeiten im Bereich des Festlandsockels im Zusammenhang mit Forschungshandlungen (§ 132) und mit der Überwachungstätigkeit der in § 134 Abs. 1 bezeichneten Behörden des Bundes die

vom Bundesministerium für Verkehr und digitale Infrastruktur durch
Rechtsverordnung ohne Zustimmung des Bundesrates bestimmte Behörde.
-

§ 146 Straftaten

(1) Mit Freiheitsstrafe bis zu fünf Jahren oder mit Geldstrafe wird bestraft, wer eine
in § 145 Abs. 1 Nr. 6, 8, 9, 16 und 17, auch in Verbindung mit § 145 Abs. 2, oder in
§ 145 Abs. 3 Nr. 2 bezeichnete Handlung begeht und dadurch das Leben oder die
Gesundheit eines anderen oder fremde Sachen von bedeutendem Wert gefährdet.
(2) In besonders schweren Fällen ist die Strafe Freiheitsstrafe von sechs Monaten
bis zu zehn Jahren. Ein besonders schwerer Fall liegt in der Regel vor, wenn der
Täter durch die Tat das Leben oder die Gesundheit einer großen Zahl von
Menschen gefährdet oder leichtfertig den Tod oder eine schwere Körperverletzung
eines Menschen (§ 226 des Strafgesetzbuches) verursacht.
(3) Wer in den Fällen des Absatzes 1
1.
    die Gefahr fahrlässig verursacht oder
2.
    fahrlässig handelt und die Gefahr fahrlässig verursacht,
wird mit Freiheitsstrafe bis zu zwei Jahren oder mit Geldstrafe bestraft.
-

§ 147 Erforschung von Straftaten

Die für die Ausführung des Gesetzes zuständigen Landesbehörden haben bei der
Erforschung von Straftaten nach § 146 die Rechte und Pflichten der Behörden des
Polizeidienstes.
-

§ 148 Tatort, Gerichtsstand

(1) Werden Taten nach § 146 nicht im Inland begangen, so gilt das deutsche
Strafrecht unabhängig vom Recht des Tatorts.
(2) Im Bereich des Festlandsockels haben die Beamten der in § 132 Abs. 1, § 134
Abs. 1 und § 136 bezeichneten Behörden Straftaten nach § 146 zu erforschen und
alle keinen Aufschub gestattenden Anordnungen zu treffen, um die Verdunkelung
der Sache zu verhüten; die Beamten haben die Rechte und Pflichten der
Polizeibeamten nach den Vorschriften der Strafprozeßordnung; sie sind insoweit
Ermittlungspersonen der Staatsanwaltschaft.
(3) Ist für eine Straftat nach § 146 ein Gerichtsstand nach den §§ 7 bis 10, 13, 98
Abs. 2, § 128 Abs. 1, § 162 oder § 165 der Strafprozeßordnung oder § 157 des
Gerichtsverfassungsgesetzes im Geltungsbereich dieses Gesetzes nicht
begründet, so ist Hamburg Gerichtsstand; zuständiges Amtsgericht ist das

Amtsgericht Hamburg.

Zwölfter Teil
Übergangs- und Schlußbestimmungen

Erstes Kapitel
Alte Rechte und Verträge

-

§ 149 Voraussetzungen für die Aufrechterhaltung alter Rechte und Verträge

(1) Nach Maßgabe der Vorschriften dieses Gesetzes bleiben aufrechterhalten

1.
   Bergwerkseigentum,
2.
   Ermächtigungen, Erlaubnisse und Verträge über die Aufsuchung oder
   Gewinnung von Bodenschätzen, deren Aufsuchung und Gewinnung nach den
   beim Inkrafttreten dieses Gesetzes geltenden bergrechtlichen Vorschriften
   der Länder dem Staate vorbehalten waren, sowie Erlaubnisse im Sinne des
   Gesetzes zur vorläufigen Regelung der Rechte am Festlandsockel vom 24.
   Juli 1964 (BGBl. I S. 497), zuletzt geändert durch Artikel 8 des Gesetzes vom
   28. März 1980 (BGBl. I S. 373), mit Ausnahme der Erlaubnisse für Transit-
   Rohrleitungen,
3.
   dingliche, selbständig im Grundbuch eingetragene Gewinnungsrechte, die ein
   aufrechterhaltenes Recht nach Nummer 1 belasten,
4.
   Bergwerke, Bergwerkskonzessionen und sonstige Berechtigungen und
   Sonderrechte zur Aufsuchung und Gewinnung von Bodenschätzen, die bei
   Inkrafttreten der bis zum Zeitpunkt des Inkrafttretens dieses Gesetzes
   erlassenen Berggesetze und anderen bergrechtlichen Vorschriften der
   Länder bereits bestanden haben,
5.
   besondere Rechte der Grundeigentümer und selbständige, vom
   Grundeigentümer bestellte dingliche Gerechtigkeiten zur Aufsuchung oder
   Gewinnung der in § 3 Abs. 3 Satz 1 oder 2 Nr. 2 genannten Bodenschätze mit
   Ausnahme der Rechte nach Nummer 7,
6.
   Verträge, die der Grundeigentümer oder ein sonstiger
   Ausbeutungsberechtigter über die Aufsuchung und Gewinnung der in § 3
   Abs. 3 Satz 1 oder 2 Nr. 2 genannten Bodenschätze, auf die sich Rechte im
   Sinne der Nummer 5 beziehen, geschlossen hat,
7.
   Rechte von Grundeigentümern zur Verfügung über Bodenschätze, die einem

96

8. aufrechterhaltenen Recht nach Nummer 1 unterliegen,

9. Rechte auf Grundrenten oder sonstige Abgaben, die für aufrechterhaltene Bergwerkskonzessionen nach Nummer 4 zu zahlen sind,

Erbstollengerechtigkeiten,

soweit diese Rechte und Verträge

a) nach den beim Inkrafttreten dieses Gesetzes geltenden bergrechtlichen Vorschriften der Länder oder der Vorschriften des Gesetzes zur vorläufigen Regelung der Rechte am Festlandsockel aufrechterhalten, eingeführt, übertragen, begründet oder nicht aufgehoben worden sind,

b) innerhalb von drei Jahren nach Inkrafttreten dieses Gesetzes unter Beifügung der zum Nachweis ihres Bestehens erforderlichen Unterlagen bei der zuständigen Behörde angezeigt werden und

c) ihre Aufrechterhaltung von der zuständigen Behörde bestätigt wird.

Zur Anzeige nach Satz 1 Buchstabe b ist nur der Inhaber des Rechts, bei Verträgen jeder Vertragspartner berechtigt. Bei Miteigentümern oder sonst gemeinsam Berechtigten genügt die Anzeige eines Mitberechtigten.

(2) Für im Grundbuch eingetragene Rechte im Sinne des Absatzes 1 Satz 1 mit Ausnahme der in Absatz 2a bezeichneten Rechte gilt Absatz 1 mit folgender Maßgabe:

1. Die in Absatz 1 Satz 1 Buchstabe b bezeichnete Frist beginnt mit dem Tage der Bekanntmachung einer öffentlichen Aufforderung durch die zuständige Behörde nach den Sätzen 2 und 3.

2. Der Anzeige brauchen zum Nachweis des Bestehens des Rechts Unterlagen nicht beigefügt zu werden.

3. Zur Anzeige sind auch die Inhaber der im Grundbuch eingetragenen dinglichen Rechte berechtigt.

Die öffentliche Aufforderung soll innerhalb von zwei Jahren nach Inkrafttreten dieses Gesetzes von der zuständigen Behörde im Bundesanzeiger und im amtlichen Veröffentlichungsblatt der zuständigen Behörde bekanntgemacht werden. In die öffentliche Aufforderung sind insbesondere aufzunehmen

1. die sich aus dem Grundbuch ergebende Bezeichnung des Rechts im Sinne des Absatzes 1 Satz 1;

2. der im Grundbuch eingetragene Inhaber dieses Rechts;

3.

der Hinweis auf die sich aus den Absätzen 4 und 5 ergebenden Rechtsfolgen.
(2a) Für Rechte im Sinne des Absatzes 1 Satz 1 Nr. 5, die auf Grund des in § 176 Abs. 1 Nr. 50 aufgehobenen Gesetzes in das Grundbuch eingetragen worden sind, gilt Absatz 1 mit der Maßgabe, daß die in Absatz 1 Satz 1 Buchstabe b bezeichnete Frist entfällt. Absatz 2 Satz 1 Nr. 2 und 3 findet entsprechende Anwendung.
(3) Unbeschadet des Absatzes 1 bleiben außerdem in den Gebieten, in denen bei Inkrafttreten dieses Gesetzes das Verfügungsrecht des Grundeigentümers über in § 3 Abs. 3 Satz 1 oder 2 Nr. 2 genannte Bodenschätze nicht entzogen war, Grundeigentümer und sonstige Ausbeutungsberechtigte, die ihr Recht vom Grundeigentum herleiten, auch noch nach Inkrafttreten dieses Gesetzes in den räumlichen Grenzen ihres Grundeigentums oder Ausbeutungsrechts zur Verfügung über einen bestimmten dieser Bodenschätze unter der Voraussetzung berechtigt, daß

1.

bereits vor Inkrafttreten dieses Gesetzes

a)

mit der Nutzung dieses bestimmten Bodenschatzes begonnen worden ist oder

b)

durch diesen bestimmten Bodenschatz eine Steigerung des Verkehrswertes des Grundstückes eingetreten ist,

2.

das Recht innerhalb von drei Jahren nach Inkrafttreten dieses Gesetzes bei der zuständigen Behörde angezeigt wird und

3.

die Aufrechterhaltung des Rechts von der zuständigen Behörde bestätigt wird.

Mit der Anzeige ist neben dem Vorliegen der Voraussetzungen nach Satz 1 Nr. 1 bei Anzeigen sonstiger Ausbeutungsberechtigter der Inhalt des mit dem Grundeigentümer oder anderen Berechtigten geschlossenen Vertrages, insbesondere das Vertragsgebiet, nachzuweisen. Absatz 1 Satz 2 und 3 und Absatz 2 Satz 1 Nr. 3 gelten entsprechend.
(4) Die Bestätigung darf nur versagt werden, wenn im Falle der Absätze 1 und 2 die in Absatz 1 Satz 1 Buchstabe a, im Falle des Absatzes 3 die in Absatz 3 Satz 1 Nr. 1 bezeichneten Voraussetzungen nicht nachgewiesen sind.
(5) Rechte und Verträge, die nicht oder nicht fristgemäß angezeigt worden sind, erlöschen drei Jahre nach Ablauf der Anzeigefrist. Nicht unter Satz 1 fallende Rechte und Verträge, denen die Bestätigung versagt wird, erlöschen mit dem Eintritt der Unanfechtbarkeit der Versagung.
(6) Ist ein nach Absatz 5 erloschenes Recht im Grundbuch eingetragen, so ersucht die zuständige Behörde das Grundbuchamt um die Löschung des Rechts.
(7) Für die Aufsuchung und Gewinnung auf Grund eines aufrechterhaltenen Rechts oder Vertrages im Sinne des Absatzes 1 Satz 1 Nr. 1 bis 4 und 7 gilt § 6 Satz 1 nicht. Das gleiche gilt in den Fällen des Absatzes 5 bis zum Erlöschen des Rechts

oder Vertrages.

-

§ 150 Ausnahme von der Bergfreiheit von Bodenschätzen

(1) In § 3 Abs. 3 Satz 1 oder 2 Nr. 2 aufgeführte Bodenschätze, auf die sich ein aufrechterhaltenes Recht oder aufrechterhaltener Vertrag im Sinne des § 149 Abs. 1 Satz 1 Nr. 5 oder 6 oder Abs. 3 bezieht, bleiben bis zum Erlöschen oder bis zur Aufhebung des Rechts oder Vertrages grundeigene Bodenschätze.
(2) In § 3 Abs. 3 Satz 1 nicht aufgeführte und nicht unter § 3 Abs. 3 Satz 2 Nr. 1 und 2 Buchstabe b fallende Bodenschätze, auf die sich ein aufrechterhaltenes Recht oder aufrechterhaltener Vertrag im Sinne des § 149 Abs. 1 Satz 1 Nr. 1 bis 4 oder eine nach § 172 erteilte Bewilligung bezieht, bleiben bis zum Erlöschen oder bis zur Aufhebung des Rechts, des Vertrages oder der Bewilligung bergfreie Bodenschätze.

-

§ 151 Bergwerkseigentum

(1) Aufrechterhaltenes Bergwerkseigentum im Sinne des § 149 Abs. 1 Satz 1 Nr. 1 gewährt das nicht befristete ausschließliche Recht, nach den Vorschriften dieses Gesetzes

1.
   die in der Verleihungsurkunde bezeichneten Bodenschätze in dem Bergwerksfeld aufzusuchen, zu gewinnen und Eigentum daran zu erwerben,
2.
   in dem Bergwerksfeld andere Bodenschätze mitzugewinnen und das Eigentum daran zu erwerben,
3.
   die bei Anlegung von Hilfsbauen zu lösenden oder freizusetzenden Bodenschätze zu gewinnen und das Eigentum an diesen Bodenschätzen zu erwerben,
4.
   die erforderlichen Einrichtungen im Sinne des § 2 Abs. 1 Nr. 3 zu errichten und zu betreiben,
5.
   Grundabtretung zu verlangen.
(2) Im übrigen gilt § 9 mit folgender Maßgabe entsprechend:
1.
   Das Recht nach Absatz 1 Nr. 1 erstreckt sich auch auf die in der Verleihungsurkunde bezeichneten Bodenschätze, soweit sie sich in Halden eines früheren, auf Grund einer bereits erloschenen Gewinnungsberechtigung betriebenen Bergbaus innerhalb des

Bergwerksfeldes befinden, es sei denn, daß die Halden im Eigentum des Grundeigentümers stehen;

2.

die §§ 18 und 31 sind nicht anzuwenden;

3.

Zuschreibungen und Vereinigungen, die bei Inkrafttreten dieses Gesetzes bestehen, bleiben von § 9 Abs. 2 unberührt; die Länder können Vorschriften über ihre Aufhebung erlassen;

4.

Vereinigung und Austausch mit nach Inkrafttreten dieses Gesetzes verliehenen Bergwerkseigentum sind nicht zulässig.

-

§ 152 Aufrechterhaltene Rechte und Verträge zur Aufsuchung, Forschungshandlungen

(1) Aufrechterhaltene Rechte und Verträge im Sinne des § 149 Abs. 1 Satz 1 Nr. 1, 2 und 4, die nur zur Aufsuchung von Bodenschätzen berechtigen, gelten für die Bodenschätze, die Zeit und den Bereich, für die sie aufrechterhalten bleiben, als Erlaubnisse nach § 7, soweit dieses Gesetz nichts anderes bestimmt.

(2) § 18 ist anzuwenden, wenn der Widerrufsgrund nach dem Inkrafttreten dieses Gesetzes eintritt oder fortbesteht. Eine Verlängerung ist, auch wenn sie nach dem Inhalt der Rechte oder Verträge nach den beim Inkrafttreten dieses Gesetzes geltenden bergrechtlichen Vorschriften des Bundes und der Länder vorgesehen ist, nur unter der Voraussetzung des § 16 Abs. 4 Satz 2 zulässig. Nicht befristete Rechte und Verträge erlöschen nach Ablauf von zehn Jahren nach Inkrafttreten dieses Gesetzes. Bei Neuerteilung einer Erlaubnis hat der Antrag des aus dem erloschenen Recht oder Vertrag Berechtigten den Vorrang vor allen anderen Anträgen, wenn für seinen Antrag kein Versagungsgrund nach § 11 vorliegt; § 14 ist insoweit nicht anzuwenden.

(3) Ist ein Recht im Sinne des Absatzes 1 im Grundbuch eingetragen, so ersucht die zuständige Behörde das Grundbuchamt um Löschung des Rechts.

(4) Aufrechterhaltene Rechte im Sinne des § 149 Abs. 1 Satz 1 Nr. 2, die nur zu solchen Forschungshandlungen im Bereich des Festlandsockels berechtigen, die ihrer Art nach zur Aufsuchung von Bodenschätzen offensichtlich ungeeignet sind, gelten für die Forschungshandlungen, die Zeit und den Bereich, für die sie aufrechterhalten bleiben, als Genehmigung nach § 132, soweit dieses Gesetz nichts anderes bestimmt. Der Inhalt dieser Rechte bleibt insoweit unberührt, als er diesem Gesetz nicht widerspricht. Nicht befristete Rechte erlöschen nach Ablauf von zehn Jahren nach Inkrafttreten dieses Gesetzes.

-

§ 153 Konzessionen, Erlaubnisse und Verträge zur Gewinnung

Aufrechterhaltene Rechte und Verträge im Sinne des § 149 Abs. 1 Satz 1 Nr. 2 und 7, die zur Gewinnung von Bodenschätzen oder zur Verfügung über Bodenschätze berechtigen, gelten für die Bodenschätze, die Zeit und den Bereich, für die sie aufrechterhalten bleiben, als Bewilligung nach § 8, soweit dieses Gesetz nichts anderes bestimmt. § 152 Abs. 2 Satz 1 sowie Abs. 3 gilt entsprechend. Auf eine Verlängerung befristeter Rechte und Verträge gilt § 16 Abs. 5 Satz 3 entsprechend.

-

§ 154 Bergwerke, Bergwerksberechtigungen und Sonderrechte

(1) Aufrechterhaltene Rechte im Sinne des § 149 Abs. 1 Satz 1 Nr. 4, die zur Aufsuchung und Gewinnung berechtigen, gelten für die Bodenschätze und den Bereich, für die sie aufrechterhalten bleiben, als Bergwerkseigentum im Sinne des § 151. Rechte, die ihrem Wortlaut nach auf alle vom Verfügungsrecht des Grundeigentümers ausgeschlossenen Bodenschätze erteilt, übertragen oder verliehen worden sind, gelten dabei für die Bodenschätze, die nach den beim Inkrafttreten dieses Gesetzes geltenden bergrechtlichen Vorschriften des Landes oder Landesteiles, in dessen Gebiet das Recht gilt, bergfrei oder dem Staate vorbehalten waren. Steht nicht fest, auf welche Bodenschätze sich ein Recht bezieht, so ist insoweit der Inhalt des Rechts durch die zuständige Behörde für den Zeitpunkt des Inkrafttretens dieses Gesetzes festzustellen. Dabei sind Art und Umfang der in den letzten dreißig Jahren vor Inkrafttreten dieses Gesetzes ausgeübten Tätigkeit angemessen zu berücksichtigen.
(2) Ist bei der Erteilung, Übertragung oder Verleihung des Rechts im Sinne des Absatzes 1 Satz 1 eine Urkunde, die der nach den beim Inkrafttreten dieses Gesetzes geltenden bergrechtlichen Vorschriften der Länder über die Entstehung von Bergwerkseigentum auf bergfreie Bodenschätze erforderlichen Verleihungsurkunde entspricht, nicht ausgefertigt worden, so hat die zuständige Behörde eine die Verleihungsurkunde ersetzende Urkunde auszustellen und auf Verlangen dem beim Inkrafttreten dieses Gesetzes Berechtigten zuzustellen. Die Urkunde muß dem § 17 Abs. 2 Satz 2 entsprechen und den Inhalt der Feststellung nach Absatz 1 Satz 3 und 4 enthalten.
(3) Ist ein Recht im Sinne des Absatzes 1 Satz 1 nicht oder nicht als Bergwerkseigentum im Grundbuch eingetragen, so gilt § 17 Abs. 3 entsprechend. An die Stelle der beglaubigten Abschrift der Berechtsamsurkunde tritt eine beglaubigte Abschrift der Verleihungsurkunde oder einer entsprechenden Urkunde.

-

§ 155 Dingliche Gewinnungsrechte

Aufrechterhaltene dingliche Gewinnungsrechte im Sinne des § 149 Abs. 1 Satz 1 Nr. 3 treten für die Bodenschätze, die Zeit und den Bereich, für die sie aufrechterhalten bleiben, an die Stelle des durch sie belasteten

Bergwerkseigentums. Die §§ 24 bis 29 sind nicht anzuwenden.

-

§ 156 Aufrechterhaltene Rechte und Verträge über grundeigene Bodenschätze

(1) Der Inhalt aufrechterhaltener Rechte und Verträge im Sinne des § 149 Abs. 1 Satz 1 Nr. 5 und 6 bleibt unberührt, soweit dieses Gesetz nichts anderes bestimmt.
(2) Rechte im Sinne des Absatzes 1 können nur mit Genehmigung der zuständigen Behörde an einen anderen durch Rechtsgeschäft abgetreten oder zur Ausübung überlassen werden. Dasselbe gilt für die Änderung von Verträgen im Sinne des Absatzes 1 und des § 149 Abs. 3 Satz 2 sowie für die Überlassung der Ausübung des sich aus einem solchen Vertrag ergebenden Aufsuchungs- oder Gewinnungsrechts. Die Genehmigung darf nur versagt werden, wenn die Abtretung, Überlassung oder Änderung die sinnvolle oder planmäßige Aufsuchung oder Gewinnung der Bodenschätze beeinträchtigt oder gefährdet.
(3) Rechte und Verträge im Sinne des Absatzes 1 erlöschen nach Maßgabe der beim Inkrafttreten dieses Gesetzes geltenden bergrechtlichen Vorschriften der Länder, sofern sie nicht bereits vorher aus anderen Gründen erloschen sind. § 149 Abs. 6 gilt entsprechend.

-

§ 157 Grundrenten

Aufrechterhaltene Grundrenten und sonstige Abgaben im Sinne des § 149 Abs. 1 Satz 1 Nr. 8 sind nach Maßgabe der für sie beim Inkrafttreten dieses Gesetzes geltenden Vorschriften weiterhin zu entrichten.

-

§ 158 Erbstollengerechtigkeiten

(1) Auf aufrechterhaltene Erbstollengerechtigkeiten im Sinne des § 149 Abs. 1 Satz 1 Nr. 9 sind, soweit sich aus Absatz 2 nichts anderes ergibt, die beim Inkrafttreten dieses Gesetzes geltenden Vorschriften anzuwenden.
(2) Der aus einer Erbstollengerechtigkeit Berechtigte hat innerhalb von drei Jahren nach Inkrafttreten dieses Gesetzes die Eintragung der Erbstollengerechtigkeit im Grundbuch zu beantragen. Erbstollengerechtigkeiten, deren Eintragung im Grundbuch nicht innerhalb dieser Frist beantragt worden ist, erlöschen, soweit sie nicht bereits vor Ablauf dieser Frist aus anderen Gründen erloschen sind.

-

§ 159 Alte Rechte und Aufsuchung zu wissenschaftlichen Zwecken

Aufrechterhaltene alte Rechte und Verträge, die allein oder neben anderen Befugnissen ein ausschließliches Recht zur Aufsuchung von Bodenschätzen zum

Gegenstand haben, schließen die Erteilung einer Erlaubnis zur großräumigen Aufsuchung sowie einer oder mehrerer Erlaubnisse zur Aufsuchung zu wissenschaftlichen Zwecken nach § 7 für dasselbe Feld nicht aus.

-

§ 160 Enteignung alter Rechte und Verträge

(1) Die nach § 149 aufrechterhaltenen Rechte und Verträge können durch die zuständige Behörde gegen Entschädigung ganz oder teilweise aufgehoben werden, soweit von dem Fortbestand dieser Rechte oder der Fortsetzung ihrer Nutzung oder von der Aufrechterhaltung oder der Durchführung der Verträge eine Beeinträchtigung des Wohles der Allgemeinheit zu erwarten ist, insbesondere wenn sich das Recht oder der Vertrag auf Bodenschätze von besonderer volkswirtschaftlicher Bedeutung bezieht und diese Bodenschätze nur deshalb nicht gewonnen werden, weil der Berechtigte das Recht nicht nutzt oder den Vertrag nicht durchführt und die Nutzung oder Durchführung nach den gegebenen Umständen auch nicht in absehbarer Zeit aufnehmen wird.
(2) Die Entschädigung ist als einmalige Leistung in Geld zu entrichten; § 84 Abs. 2, 4 Satz 3 und Absatz 5 Satz 1, § 85 Abs. 1 und 2, § 86 Abs. 1 und 3, § 89 Abs. 2 und 4 und § 90 Abs. 1 Nr. 2 und 4, Absatz 2 und 4 gelten entsprechend. Wird ein Recht dinglicher Art aufgehoben, so gelten für die Entschädigung die Artikel 52 und 53 des Einführungsgesetzes zum Bürgerlichen Gesetzbuch entsprechend.
(3) Die Entschädigung ist von dem Land zu leisten, in dem die Bodenschätze belegen sind, auf die sich das ganz oder teilweise aufgehobene Recht oder der ganz oder teilweise aufgehobene Vertrag bezogen hat; sind die Bodenschätze im Bereich des Festlandsockels belegen, so ist die Entschädigung vom Bund zu leisten.
(4) Auf die Enteignung nach den Absätzen 1 bis 3 sind die Vorschriften über das förmliche Verwaltungsverfahren nach Teil V Abschnitt 1 des Verwaltungsverfahrensgesetzes anzuwenden.
(5) Ist ein nach Absatz 1 ganz oder teilweise aufgehobenes Recht im Grundbuch eingetragen und die Aufhebung unanfechtbar, so ersucht die zuständige Behörde das Grundbuchamt um die Berichtigung des Grundbuchs.
(6) Für Rechte im Sinne des § 149 Abs. 2a, die noch nicht bestätigt worden sind, gelten die Absätze 1 bis 5 entsprechend.

-

§ 161 Ausdehnung von Bergwerkseigentum auf aufgehobene Längenfelder

(1) Wird auf Antrag eines Bergwerkseigentümers Bergwerkseigentum für ein Längenfeld nach § 151 in Verbindung mit § 20 oder durch Enteignung nach § 160 ganz oder teilweise aufgehoben, so ist Bergwerkseigentum für ein Geviertfeld, das

1.
     auf den gleichen Bodenschatz oder die gleichen Bodenschätze wie das

Bergwerkseigentum für das Längenfeld verliehen worden ist und

2.

den durch die Aufhebung betroffenen Bereich des Längenfeldes ganz umschließt,

auf Antrag des Bergwerkseigentümers des Geviertfeldes durch Entscheidung der zuständigen Behörde auf den durch die Aufhebung betroffenen Bereich des Längenfeldes auszudehnen. Wird nur ein Teil des durch die Aufhebung betroffenen Bergwerkseigentums für ein Längenfeld von einem auf den gleichen Bodenschatz verliehenen Bergwerkseigentum für ein Geviertfeld umschlossen, so ist hinsichtlich des umschlossenen Teils Satz 1 anzuwenden.

(2) Geviertfeld ist ein Feld, das den Voraussetzungen des § 4 Abs. 7 entspricht. Längenfeld ist ein Feld, das im Streichen und Einfallen dem Verlauf einer Lagerstätte folgt. Als Längenfeld im Sinne des Absatzes 1 gilt auch ein Feld, das, wie Breitenfelder, Vertikallagerungsfelder, Gevierte Grubenfelder, weder die Voraussetzungen des Satzes 1 noch des Satzes 2 erfüllt.

-

§ 162 Entscheidung, Rechtsänderung

(1) In der Entscheidung über die Ausdehnung des Bergwerkseigentums für ein Geviertfeld auf den Bereich eines durch Enteignung nach § 160 ganz oder teilweise aufgehobenen Bergwerkseigentums für ein Längenfeld hat die zuständige Behörde dem Antragsteller aufzuerlegen, die nach § 160 Abs. 2 Satz 1 geleistete Entschädigung dem Land bis zur Höhe des Verkehrswertes des Bereichs zu erstatten, auf den das Bergwerkseigentum für ein Geviertfeld ausgedehnt wird. Für die Bemessung des Verkehrswerts, die nach § 85 Abs. 2 vorzunehmen ist, ist der Zeitpunkt der Entscheidung maßgebend.

(2) Mit Unanfechtbarkeit der Entscheidung wird die Ausdehnung des Geviertfeldes wirksam. Die zuständige Behörde hat die erforderlichen Zusatzurkunden auszufertigen. Die zuständige Behörde ersucht das Grundbuchamt, die Rechtsänderung im Grundbuch einzutragen.

Zweites Kapitel
Auflösung und Abwicklung der bergrechtlichen Gewerkschaften

-

§ 163 Auflösung und Umwandlung

(1) Die bei Inkrafttreten dieses Gesetzes bestehenden Gewerkschaften mit eigener oder ohne eigene Rechtspersönlichkeit sind mit Ablauf des 1. Januar 1986 aufgelöst, wenn nicht bis zu diesem Tage

1.

ein Beschluß über die Umwandlung der Gewerkschaft nach den Vorschriften des Umwandlungsgesetzes oder nach den §§ 384, 385 und 393 des

Aktiengesetzes zur Eintragung in das Handelsregister angemeldet ist,

2.

ein Beschluß über die Verschmelzung der Gewerkschaft mit einer Aktiengesellschaft oder einer Kommanditgesellschaft auf Aktien nach den §§ 357 oder 358 des Aktiengesetzes oder mit einer Gesellschaft mit beschränkter Haftung nach den Vorschriften des Zweiten Abschnitts des Gesetzes über die Kapitalerhöhung aus Gesellschaftsmitteln und über die Verschmelzung von Gesellschaften mit beschränkter Haftung zur Eintragung in das Handelsregister angemeldet ist oder

3.

die Gewerkschaft durch Beschluß der Gewerkenversammlung oder in sonstiger Weise aufgelöst ist.

Ist der Beschluß über die Umwandlung oder die Verschmelzung angefochten worden, so tritt an die Stelle des in Satz 1 genannten Tages der sechs Monate nach dem Tag der Rechtskraft der Entscheidung liegende Tag. Die Entstehung neuer Gewerkschaften ist ausgeschlossen.

(2) Die Bezeichnung "Gewerkschaft" und der bisher von der Gewerkschaft verwendete Name können in die Firma des Unternehmens, in das die Gewerkschaft umgewandelt worden ist, aufgenommen werden. Die sonstigen firmenrechtlichen Vorschriften bleiben unberührt.

(3) Geschäfte und Verhandlungen, die in der Zeit vom 1. Januar 1982 bis zum 1. Januar 1986 oder zu dem in Absatz 1 Satz 2 genannten Zeitpunkt durchgeführt werden und einer Umwandlung oder Verschmelzung im Sinne des Absatzes 1 Satz 1 Nr. 1 oder 2 dienen, sind von Gebühren und Auslagen der Gerichte und Behörden, soweit sie nicht auf landesrechtlichen Vorschriften beruhen, befreit. Die Befreiung schließt Eintragungen und Löschungen in öffentlichen Büchern ein; sie gilt auch für Beurkundungs- und Beglaubigungsgebühren. Die Sätze 1 und 2 gelten für die Umwandlung einer Gewerkschaft ohne eigene Rechtspersönlichkeit in eine Gewerkschaft mit eigener Rechtspersönlichkeit entsprechend, soweit die Umwandlung der Vorbereitung einer unter Absatz 1 Satz 1 Nr. 1 oder 2 fallenden Umwandlung in eine Gesellschaft mit beschränkter Haftung, Verschmelzung mit einer solchen Gesellschaft oder Umwandlung oder Verschmelzung nach dem Aktiengesetz dient.

(4) Für Gewerkschaften, die am 1.Juli 1985 als Unternehmer im Sinne des § 4 Abs. 5 tätig sind, gelten die Absätze 1 bis 3 mit der Maßgabe, daß an die Stelle des 1.Januar 1986 der 1.Januar 1994 tritt.

-

§ 164 Abwicklung

(1) Eine aufgelöste oder als aufgelöst geltende Gewerkschaft ist abzuwickeln. Die Fortsetzung der Gewerkschaft ist ausgeschlossen.

(2) Der Repräsentant (Grubenvorstand) hat die Abwickler (Liquidatoren) dem Gericht des Sitzes der Gewerkschaft unverzüglich, spätestens drei Monate nach dem in § 163 Abs. 1 Satz 1, 2 oder Abs. 4 genannten Zeitpunkt, namhaft zu

machen. Sind dem Gericht des Sitzes der Gewerkschaft bis zu diesem Zeitpunkt keine Abwickler namhaft gemacht worden, so hat es die Abwickler von Amts wegen zu bestellen. Die zuständige Behörde hat die abzuwickelnde Gewerkschaft dem Gericht des Sitzes der Gewerkschaft unter Angabe ihres Namens und, soweit bekannt, des Namens des Repräsentanten (Grubenvorstandes) und der Namen der beteiligten Gewerken bekanntzugeben.

(3) Die Abwickler haben dafür Sorge zu tragen, daß die Abwicklung ohne Verzögerung durchgeführt wird.

-

§ 164a Überleitung

Die Fortsetzung einer nach § 163 Abs. 1 aufgelösten Gewerkschaft gilt mit dem Inkrafttreten des § 163 Abs. 4 als beschlossen, wenn bei ihr noch nicht mit der Verteilung des Vermögens unter die Gewerken begonnen worden war und sie am 1.Juli 1985 als Unternehmer im Sinne des § 4 Abs. 5 tätig gewesen ist.

-

§ 165 Fortgeltendes Recht

Bis zu dem in § 163 Abs. 1 Satz 1 oder 2 genannten Zeitpunkt und für den Zeitraum einer Abwicklung nach § 164 sind die beim Inkrafttreten dieses Gesetzes für Gewerkschaften geltenden bergrechtlichen Vorschriften der Länder weiterhin anzuwenden, soweit sich aus § 163 Abs. 1 Satz 3 und § 164 nichts anderes ergibt.

Drittes Kapitel
Sonstige Übergangs- und Schlußvorschriften

-

§ 166 Bestehende Hilfsbaue

Die bei Inkrafttreten dieses Gesetzes bestehenden, nach den vor diesem Zeitpunkt geltenden Vorschriften rechtmäßig angelegten Hilfsbaue gelten als Hilfsbaue im Sinne dieses Gesetzes.

-

§ 167 Fortgeltung von Betriebsplänen und Anerkennungen

(1) Für Tätigkeiten und Einrichtungen im Sinne des § 2 und der §§ 126 bis 131, die bei Inkrafttreten dieses Gesetzes der Bergaufsicht unterliegen, gilt folgendes:

1.

Die im Zeitpunkt des Inkrafttretens dieses Gesetzes zugelassenen Betriebspläne gelten für die Dauer ihrer Laufzeit als im Sinne dieses

Gesetzes zugelassen.

2.

Die Personen, deren Befähigung zur Leitung und Beaufsichtigung des Betriebes anerkannt ist (Aufsichtspersonen), gelten für die Dauer der Anerkennung, höchstens jedoch für zwei Jahre nach Inkrafttreten dieses Gesetzes, für die ihnen im Zeitpunkt des Inkrafttretens dieses Gesetzes übertragenen Geschäftskreise als verantwortliche Personen im Sinne der §§ 58 und 59.

3.

Die Personen, die vom Unternehmer (Bergwerksbesitzer, Bergwerksunternehmer) im Rahmen seiner verantwortlichen Leitung des Betriebes zur Wahrnehmung bestimmter Aufgaben und Befugnisse für die Sicherheit und Ordnung im Betrieb bestellt und der Bergbehörde namhaft gemacht worden sind (verantwortliche Personen), gelten nach Maßgabe der ihnen im Zeitpunkt des Inkrafttretens dieses Gesetzes übertragenen Aufgaben und Befugnisse als verantwortliche Personen im Sinne des §§ 58 und 59.

(2) Absatz 1 Nr. 2 und 3 gilt von dem Zeitpunkt ab nicht, von dem ab nach einer auf Grund des § 66 Satz 1 Nr. 9 erlassenen Bergverordnung die Fachkunde der in Absatz 1 Nr. 2 und 3 genannten Personen für die ihnen übertragenen Geschäftskreise oder Aufgaben und Befugnisse wegen der in der Bergverordnung gestellten Anforderungen nicht ausreicht oder der Unternehmer ihre Bestellung im Sinne des § 59 ändert.

-

§ 168 Erlaubnisse für Transit-Rohrleitungen

Die am 1. Januar 1982 nach § 2 des Gesetzes zur vorläufigen Regelung der Rechte am Festlandsockel erteilten vorläufigen Erlaubnisse zur Errichtung oder zum Betrieb von Transit-Rohrleitungen gelten für die Dauer ihrer Laufzeit als Genehmigungen im Sinne des § 133.

-

§ 168a Genehmigungen im Bereich der Erweiterung des Küstenmeeres

Bestehende Rechte im Bereich der Erweiterung des Küstenmeeres nach dem Beschluß der Bundesregierung vom 19. Oktober 1994 (BGBl. I s. 3428), insbesondere Genehmigungen zur Vornahme von Forschungshandlungen im Sinne des § 132 oder zur Errichtung oder zum Betrieb von Transit-Rohrleitungen im Sinne des § 133, gelten nach Maßgabe ihrer Laufzeit als Genehmigungen, Erlaubnisse, Bewilligungen oder sonstige behördliche Entscheidung nach den seit dem 1. Januar 1995 auf sie anwendbaren Rechtsvorschriften.

-

§ 168b Vorhandene Unterwasserkabel

Soweit Unterwasserkabel bereits verlegt worden sind und betrieben werden, gelten sie als nach § 133 Abs. 4 genehmigt, wenn sie den Voraussetzungen des § 133 Abs. 2 entsprechen.

-

§ 169 Übergangszeit bei Unterstellung unter die Bergaufsicht, eingestellte Betriebe

(1) Für Tätigkeiten und Einrichtungen im Sinne des § 2 und der §§ 126 bis 131 (Betriebe), die erst mit Inkrafttreten dieses Gesetzes der Bergaufsicht unterliegen, gilt folgendes:

1.
   Der Unternehmer hat seinen Betrieb unverzüglich der zuständigen Behörde anzuzeigen.
2.
   Die nach § 51 oder nach den §§ 126 bis 130 in Verbindung mit § 51 für die Errichtung oder Führung des Betriebes erforderlichen Betriebspläne sind innerhalb einer Frist von vier Monaten nach Inkrafttreten dieses Gesetzes der zuständigen Behörde zur Zulassung einzureichen. Ist der Betriebsplan fristgemäß eingereicht, so bedarf es für die Errichtung oder Fortführung des Betriebes bis zur Unanfechtbarkeit der Entscheidung über die Zulassung keines zugelassenen Betriebsplanes. Bei Untergrundspeichern ist der Nachweis der Veröffentlichung nach § 126 Abs. 1 Satz 2 nicht erforderlich.
3.
   Verantwortliche Personen sind, soweit nach § 59 Abs. 2 oder nach den §§ 126 bis 131 in Verbindung mit § 59 Abs. 2 erforderlich, innerhalb einer Frist von vier Monaten nach Inkrafttreten dieses Gesetzes zu bestellen und der zuständigen Behörde namhaft zu machen.

(2) Auf Betriebe im Sinne des Absatzes 1, die bei Inkrafttreten dieses Gesetzes bereits endgültig eingestellt waren oder die Erdwärme gewinnen und diese Wärme zu Bade- oder Heilzwecken nutzen, ist dieses Gesetz nicht anzuwenden. Dieses Gesetz ist ferner auf Betriebe nicht anzuwenden, in denen bei Inkrafttreten dieses Gesetzes Ziegeleierzeugnisse auch aus Tonen im Sinne des § 3 Abs. 4 Nr. 1 hergestellt werden.

-

§ 170 Haftung für verursachte Schäden

Auf Schäden im Sinne des § 114, die ausschließlich vor Inkrafttreten dieses Gesetzes verursacht worden sind, sind die für solche Schäden vor Inkrafttreten dieses Gesetzes geltenden Vorschriften anzuwenden.

-

§ 170a Verjährung bei Bergschäden

Artikel 229 § 6 des Einführungsgesetzes zum Bürgerlichen Gesetzbuche findet mit der Maßgabe entsprechende Anwendung, dass § 117 Abs. 2 in der bis zum 1. Januar 2002 geltenden Fassung den Vorschriften des Bürgerlichen Gesetzbuchs über die Verjährung in der bis zum 1. Januar 2002 geltenden Fassung gleichgestellt ist.

-

§ 171 Eingeleitete Verfahren

(1) In eingeleiteten Grundabtretungs- oder anderen Enteignungsverfahren ist nach den bisher geltenden Vorschriften zu entscheiden. Hat die zuständige Behörde die Entschädigung noch nicht festgesetzt, so sind die Vorschriften dieses Gesetzes über die Entschädigung in gleichen oder entsprechenden Fällen anzuwenden.
(2) In sonstigen eingeleiteten Verfahren ist nach den Vorschriften dieses Gesetzes zu entscheiden.
(3) Die Anfechtung von Verwaltungsakten, die vor Inkrafttreten dieses Gesetzes auf Grund der außer Kraft getretenen Vorschriften ergangen und noch nicht unanfechtbar geworden sind, sowie das weitere Verfahren und die Entscheidung richten sich nach den Vorschriften dieses Gesetzes über die entsprechenden Verwaltungsakte. Ein nach den bisher geltenden Vorschriften zulässiger Rechtsbehelf wird als ein nach diesem Gesetz zulässiger Rechtsbehelf behandelt, auch wenn er bei einer nicht mehr zuständigen Stelle eingelegt wird.
(4) Die Anfechtung von gerichtlichen Entscheidungen, die vor dem Inkrafttreten dieses Gesetzes ergangen und noch nicht unanfechtbar geworden sind oder die in den beim Inkrafttreten dieses Gesetzes anhängigen gerichtlichen Verfahren ergehen, sowie das weitere Verfahren bis zur rechtskräftigen Entscheidung richten sich nach den bisher geltenden Vorschriften.

-

§ 172 Mutungen

Auf Mutungen, die bei Inkrafttreten dieses Gesetzes bereits eingelegt sind und auf die nach den beim Inkrafttreten dieses Gesetzes jeweils geltenden bergrechtlichen Vorschriften der Länder über das Muten und Verleihen Bergwerkseigentum zu verleihen gewesen wäre, ist für die Bodenschätze und das Feld, für die Bergwerkseigentum zu verleihen gewesen wäre, eine Bewilligung zu erteilen, wenn der Muter nicht innerhalb von zwölf Monaten nach Inkrafttreten dieses Gesetzes auf die Erteilung verzichtet.

-

§ 173 Zusammenhängende Betriebe

(1) Stehen Tätigkeiten und Einrichtungen im Sinne des § 2 (Betrieb) zur

unterirdischen Aufsuchung oder Gewinnung von bergfreien oder grundeigenen Bodenschätzen mit einem Betrieb oder Betriebsteil in unmittelbarem räumlichen und betrieblichen Zusammenhang, in dem andere Bodenschätze übertage aufgesucht oder gewonnen werden, so kann die zuständige Behörde bestimmen, daß an die Tätigkeiten und Einrichtungen in diesem Betrieb oder Betriebsteil die Vorschriften dieses Gesetzes anzuwenden sind, soweit dies mit Rücksicht auf die Untrennbarkeit der Arbeits- und Betriebsvorgänge zwischen unter- und übertage geboten ist. Die Anordnung nach Satz 1 ist aufzuheben, wenn eine der Voraussetzungen für ihren Erlaß entfällt.

(2) Soweit Tätigkeiten und Einrichtungen im Sinne des § 2 zur Aufsuchung oder Gewinnung von bergfreien oder grundeigenen Bodenschätzen mit einem Kraftwerk, das zur Aufsuchung oder Gewinnung der Bodenschätze erforderlich ist, oder mit einer Schamottefabrik im unmittelbaren räumlichen und betrieblichen Zusammenhang stehen, kann, wenn das Kraftwerk oder die Schamottefabrik nach den bei Inkrafttreten dieses Gesetzes geltenden Vorschriften zum Bergwesen gehört, die zuständige Landesregierung durch Rechtsverordnung bestimmen, daß auf die Tätigkeiten und Einrichtungen in dem Kraftwerk oder der Schamottefabrik die Vorschriften dieses Gesetzes anzuwenden sind, soweit dies mit Rücksicht auf die Untrennbarkeit der Arbeits- und Betriebsvorgänge notwendig erscheint.

-

§ 174

-

-

§ 175

-

-

§ 176 Außerkrafttreten von Landesrecht, Verweisung

(1) Landesrechtliche Vorschriften, deren Gegenstände in diesem Gesetz geregelt sind oder die ihm widersprechen, treten, soweit in diesem Gesetz nichts anderes bestimmt ist, mit dem Inkrafttreten dieses Gesetzes außer Kraft, insbesondere:
Baden-Württemberg

1.

das badische Berggesetz in der Fassung der Bekanntmachung vom 17. April 1925 (Badisches Gesetz- und Verordnungsblatt S. 103), zuletzt geändert durch Artikel 1 des Dritten Gesetzes zur Änderung bergrechtlicher Vorschriften vom 8. April 1975 (Gesetzblatt für Baden-Württemberg S. 237) und § 69 Abs. 6 des Naturschutzgesetzes vom 21. Oktober 1975 (Gesetzblatt für Baden-Württemberg S. 654; ber. 1976 S. 96);

2.

das württembergische Berggesetz vom 7. Oktober 1874 (Regierungsblatt für das Königreich Württemberg S. 265), zuletzt geändert durch § 69 Abs. 5 des Naturschutzgesetzes vom 21. Oktober 1975 (Gesetzblatt für Baden-Württemberg S. 654; ber. 1976 S. 96) und § 47 Abs. 1 des Gesetzes zur Ausführung des Gerichtsverfassungsgesetzes und von Verfahrensgesetzen der ordentlichen Gerichtsbarkeit (AGGVG) vom 16. Dezember 1975 (Gesetzblatt für Baden-Württemberg S. 868);

3.

das Allgemeine Berggesetz für die Preußischen Staaten vom 24. Juni 1865 (Gesetz-Sammlung für die Königlichen Preußischen Staaten S. 705), zuletzt geändert durch Artikel 4 des Dritten Gesetzes zur Änderung bergrechtlicher Vorschriften vom 8. April 1975 (Gesetzblatt für Baden-Württemberg S. 237) und § 69 Abs. 7 des Naturschutzgesetzes vom 21. Oktober 1975 (Gesetzblatt für Baden-Württemberg S. 654; ber. 1976 S. 96);

4.

das Gesetz zur Erschließung von Erdöl und anderen Bodenschätzen (Erdölgesetz) vom 12. Mai 1934 (Preußische Gesetzsammlung S. 257), zuletzt geändert durch Artikel 5 des Zweiten Gesetzes zur Änderung bergrechtlicher Vorschriften vom 18. Mai 1971 (Gesetzblatt für Baden-Württemberg S. 161);

5.

das Phosphoritgesetz vom 16. Oktober 1934 (Preußische Gesetzsammlung S. 404), zuletzt geändert durch § 16 des Gesetzes zur Änderung berggesetzlicher Vorschriften vom 24. September 1937 (Preußische Gesetzsammlung S. 93);

6.

die Verordnung über die Berechtigung zur Aufsuchung und Gewinnung von Erdöl und anderen Bodenschätzen (Erdölverordnung) vom 13. Dezember 1934 (Preußische Gesetzsammlung S. 463), zuletzt geändert durch § 17 des Gesetzes zur Änderung berggesetzlicher Vorschriften vom 24. September 1937 (Preußische Gesetzsammlung S. 93);

7.

die Verordnung über die polizeiliche Beaufsichtigung der bergbaulichen Nebengewinnungs- und Weiterverarbeitungsanlagen durch die Bergbehörden vom 22. Januar 1938 (Preußische Gesetzsammlung S. 19);

8.

das Gesetz über die behälterlose unterirdische Speicherung von Gas (Gasspeichergesetz) vom 18. Mai 1971 (Gesetzblatt für Baden-Württemberg S. 172);

Bayern

9.

das Berggesetz in der Fassung der Bekanntmachung vom 10. Januar 1967 (Bayerisches Gesetz- und Verordnungsblatt S. 185), zuletzt geändert durch Artikel 52 Abs. 11 des Bayerischen Gesetzes über die entschädigungspflichtige Enteignung vom 11. November 1974 (Bayerisches Gesetz- und Verordnungsblatt S. 610);

10.

das Gesetz über die Änderung des Berggesetzes vom 17. August 1918 (Bereinigte Sammlung des Bayerischen Landesrechts Band IV S. 162);

11.

die Bekanntmachung zum Vollzug des Gesetzes vom 17. August 1918 über die Änderung des Berggesetzes vom 18. August 1918 (Bereinigte Sammlung des Bayerischen Landesrechts Band IV S. 163);

12.

das Gesetz über Graphitgewinnung (Graphitgesetz) vom 12. November 1937 (Bereinigte Sammlung des Bayerischen Landesrechts Band IV S. 164);

13.

das Gesetz über die Änderung des Berggesetzes und des Wassergesetzes vom 23. März 1938 (Bereinigte Sammlung des Bayerischen Landesrechts Band IV S. 165);

14.

die Bekanntmachung über Aufsuchung und Gewinnung von Waschgold (Goldwäscherei) vom 19. Mai 1938 (Bereinigte Sammlung des Bayerischen Landesrechts Band IV S. 165);

15.

das Gesetz zur Änderung des Berggesetzes vom 29. Dezember 1949 (Bereinigte Sammlung des Bayerischen Landesrechts Band IV S. 166);

16.

das Gesetz über die behälterlose unterirdische Speicherung von Gas vom 25. Oktober 1966 (Bayerisches Gesetz- und Verordnungsblatt S. 335), zuletzt geändert durch § 18 des Zweiten Gesetzes zur Bereinigung des Landesrechts und zur Anpassung von Straf- und Bußgeldvorschriften an das Bundesrecht vom 24. Juli 1974 (Bayerisches Gesetz- und Verordnungsblatt S. 354);

Berlin

17.

das Allgemeine Berggesetz vom 24. Juni 1865 (Gesetz- und Verordnungsblatt für Berlin, Sonderband I 750-1), zuletzt geändert durch das Gesetz zur Änderung des Allgemeinen Berggesetzes vom 5. Februar 1980 (Gesetz- und Verordnungsblatt für Berlin S. 406);

18.

das Gesetz betreffend die Abänderung des Allgemeinen Berggesetzes vom 18. Juni 1907 (Gesetz- und Verordnungsblatt für Berlin, Sonderband I 750-1-1);

Bremen

19.

das Allgemeine Berggesetz für die Preußischen Staaten vom 24. Juni 1865 (Sammlung des bremischen Rechts 751-c-2), zuletzt geändert durch § 60 Nr.

53 des Beurkundungsgesetzes vom 28. August 1969 (BGBl. I S. 1513);

20.

das Gesetz über die Beaufsichtigung von unterirdischen Mineralgewinnungsbetrieben, Tiefspeichern und Tiefbohrungen vom 18. Dezember 1933 (Sammlung des bremischen Rechts 751-c-3), zuletzt geändert durch das Gesetz zur Änderung des Gesetzes über die Beaufsichtigung von unterirdischen Mineralgewinnungsbetrieben und Tiefbohrungen vom 14. Oktober 1969 (Gesetzblatt der Freien Hansestadt Bremen S. 131);

21.

das Gesetz zur Erschließung von Erdöl und anderen Bodenschätzen (Erdölgesetz) vom 12. Mai 1934 (Sammlung des bremischen Rechts 751-c-4);

22.

das Phosphoritgesetz vom 16. Oktober 1934 (Sammlung des bremischen Rechts 751-c-5);

23.

die Verordnung über die Berechtigung zur Aufsuchung und Gewinnung von Erdöl und anderen Bodenschätzen (Erdölverordnung) vom 13. Dezember 1934 (Sammlung des bremischen Rechts 751-c-6);

24.

die Verordnung über die polizeiliche Beaufsichtigung der bergbaulichen Nebengewinnungs- und Weiterverarbeitungsanlagen durch die Bergbehörden vom 22. Januar 1938 (Sammlung des bremischen Rechts 751-c-7);

25.

die Verordnung über das Bergrecht in Bremen vom 15. Juli 1941 (Sammlung des bremischen Rechts 751-c-1);

26.

die Bekanntmachung des Oberbergamts für die Freie Hansestadt Bremen vom 20. August 1949 (Sammlung des bremischen Rechts 751-b-1);

Hamburg

27.

das Allgemeine Berggesetz vom 24. Juni 1865 (Sammlung des bereinigten hamburgischen Landesrechts II 750-m), zuletzt geändert durch Artikel 37 des Gesetzes zur Anpassung des hamburgischen Landesrechts an das Zweite Gesetz zur Reform des Strafrechts und das Einführungsgesetz zum Strafgesetzbuch vom 9. Dezember 1974 (Hamburgisches Gesetz- und Verordnungsblatt I S. 381);

28.

das Gesetz über die Beaufsichtigung von unterirdischen Mineralgewinnungsbetrieben, Tiefspeichern und Tiefbohrungen vom 18. Dezember 1933 (Sammlung des bereinigten hamburgischen Landesrechts II 750-o), zuletzt geändert durch Artikel 38 des Gesetzes zur Anpassung des hamburgischen Landesrechts an das Zweite Gesetz zur Reform des Strafrechts und das Einführungsgesetz zum Strafgesetzbuch vom 9.

Dezember 1974 (Hamburgisches Gesetz- und Verordnungsblatt I S. 381);

29.

das Gesetz zur Erschließung von Erdöl und anderen Bodenschätzen (Erdölgesetz) vom 12. Mai 1934 (Sammlung des bereinigten hamburgischen Landesrechts II 750-p);

30.

das Phosphoritgesetz vom 16. Oktober 1934 (Sammlung des bereinigten hamburgischen Landesrechts II 750-q);

31.

die Verordnung über die Berechtigung zur Aufsuchung und Gewinnung von Erdöl und anderen Bodenschätzen (Erdölverordnung) vom 13. Dezember 1934 (Sammlung des bereinigten hamburgischen Landesrechts II 750-q-1);

32.

die Verordnung über das Bergrecht in Groß-Hamburg vom 25. März 1937 (Sammlung des bereinigten hamburgischen Landesrechts II 750-r);

33.

die Dritte Verordnung über das Bergrecht in Groß-Hamburg vom 7. Dezember 1938 (Sammlung des bereinigten hamburgischen Landesrechts II 750-s);

Hessen

34.

das Allgemeine Berggesetz für das Land Hessen in der Fassung der Bekanntmachung vom 10. November 1969 (Gesetz- und Verordnungsblatt für das Land Hessen I S. 223), zuletzt geändert durch Artikel 53 des Hessischen Gesetzes zur Anpassung des Landesrechts an das Einführungsgesetz zum Strafgesetzbuch (EGStGB) und das Zweite Gesetz zur Reform des Strafrechts (2. StrRG) vom 4. September 1974 (Gesetz- und Verordnungsblatt für das Land Hessen I S. 361);

35.

die Verordnung, betreffend die Einführung des Allgemeinen Berggesetzes vom 24. Juni 1865 in das Gebiet des vormaligen Herzogtums Nassau vom 22. Februar 1867 (Gesetz-Sammlung für die Königlichen Preußischen Staaten S. 237), zuletzt geändert durch Artikel 27 Nr. 2 des Hessischen Gesetzes zur Anpassung des Landesrechts an das Erste Gesetz zur Reform des Strafrechts vom 18. März 1970 (Gesetz- und Verordnungsblatt für das Land Hessen I S. 245);

36.

die Verordnung, betreffend die Einführung des Allgemeinen Berggesetzes vom 24. Juni 1865 in die mit der Preußischen Monarchie vereinigten Landesteile der Großherzoglich Hessischen Provinz Oberhessen, sowie in das Gebiet der vormaligen Landgrafschaft Hessen-Homburg, einschließlich des Ober-Amtsbezirks Meisenheim vom 22. Februar 1867 (Gesetz-Sammlung für die Königlichen Preußischen Staaten S. 242), zuletzt geändert durch Artikel 27 Nr. 3 des Hessischen Gesetzes zur Anpassung des Landesrechts an das Erste Gesetz zur Reform des Strafrechts vom 18. März

1970 (Gesetz- und Verordnungsblatt für das Land Hessen I S. 245);

37.

die Verordnung, betreffend die Einführung des Allgemeinen Berggesetzes vom 24. Juni 1865 in das mit der Preußischen Monarchie vereinigte Gebiet des vormaligen Kurfürstentums Hessen und der vormaligen freien Stadt Frankfurt sowie der vormals Königlich Bayerischen Landesteile vom 1. Juni 1867 (Gesetz-Sammlung für die Königlichen Preußischen Staaten S. 770), zuletzt geändert durch Artikel 27 Nr. 4 des Hessischen Gesetzes zur Anpassung des Landesrechts an das Erste Gesetz zur Reform des Strafrechts vom 18. März 1970 (Gesetz- und Verordnungsblatt für das Land Hessen I S. 245);

38.

das Gesetz betreffend die Einführung des Preußischen Allgemeinen Berggesetzes vom 24. Juni 1865 in die Fürstentümer Waldeck und Pyrmont vom 1. Januar 1869 (Fürstlich Waldeckisches Regierungsblatt S. 3), zuletzt geändert durch § 1 des Gesetzes zur Bereinigung des Hessischen Landesrechts vom 6. Februar 1962 (Gesetz- und Verordnungsblatt für das Land Hessen S. 21);

39.

das Gesetz über den Bergwerksbetrieb ausländischer juristischer Personen und den Geschäftsbetrieb außerpreußischer Gewerkschaften vom 23. Juni 1909 (Preußische Gesetz-Sammlung S. 619), zuletzt geändert durch § 1 des Gesetzes zur Bereinigung des Hessischen Landesrechts vom 6. Februar 1962 (Gesetz- und Verordnungsblatt für das Land Hessen S. 21);

40.

das Gesetz über die Beaufsichtigung von unterirdischen Mineralgewinnungsbetrieben, Tiefspeichern und Tiefbohrungen in der Fassung der Bekanntmachung vom 9. August 1968 (Gesetz- und Verordnungsblatt für das Land Hessen I S. 251), zuletzt geändert durch Artikel 54 des Hessischen Gesetzes zur Anpassung der Straf- und Bußgeldvorschriften an das Gesetz über Ordnungswidrigkeiten (OWiG) und das Einführungsgesetz zum Gesetz über Ordnungswidrigkeiten (EGOWiG) vom 5. Oktober 1970 (Gesetz- und Verordnungsblatt für das Land Hessen I S. 598);

41.

das Gesetz zur Erschließung von Erdöl und anderen Bodenschätzen (Erdölgesetz) vom 12. Mai 1934 in der Fassung der Bekanntmachung vom 1. April 1953 (Gesetz- und Verordnungsblatt für das Land Hessen S. 89), zuletzt geändert durch Artikel 55 des Hessischen Gesetzes zur Anpassung der Straf- und Bußgeldvorschriften an das Gesetz über Ordnungswidrigkeiten (OWiG) und das Einführungsgesetz zum Gesetz über Ordnungswidrigkeiten (EGOWiG) vom 5. Oktober 1970 (Gesetz- und Verordnungsblatt für das Land Hessen I S. 598);

42.

das Phosphoritgesetz vom 16. Oktober 1934 in der Fassung der

Bekanntmachung vom 1. April 1953 (Gesetz- und Verordnungsblatt für das Land Hessen S. 90), zuletzt geändert durch Artikel 56 des Hessischen Gesetzes zur Anpassung der Straf- und Bußgeldvorschriften an das Gesetz über Ordnungswidrigkeiten (OWiG) und das Einführungsgesetz zum Gesetz über Ordnungswidrigkeiten (EGOWiG) vom 5. Oktober 1970 (Gesetz- und Verordnungsblatt für das Land Hessen I S. 598);

43.

die Verordnung über die Berechtigung zur Aufsuchung und Gewinnung von Erdöl und anderen Bodenschätzen (Erdölverordnung) vom 13. Dezember 1934 in der Fassung der Bekanntmachung vom 1. April 1953 (Gesetz- und Verordnungsblatt für das Land Hessen S. 91), zuletzt geändert durch § 1 des Gesetzes zur Bereinigung des Hessischen Landesrechts vom 6. Februar 1962 (Gesetz- und Verordnungsblatt für das Land Hessen S. 21);

44.

die Verordnung über die polizeiliche Beaufsichtigung der bergbaulichen Nebengewinnungs- und Weiterverarbeitungsanlagen durch die Bergbehörden vom 22. Januar 1938 (Preußische Gesetzsammlung S. 19), zuletzt geändert durch § 1 des Gesetzes zur Bereinigung des Hessischen Landesrechts vom 6. Februar 1962 (Gesetz- und Verordnungsblatt für das Land Hessen S. 21);

45.

das Gesetz über das Bergrecht im Land Hessen vom 6. Juli 1952 (Gesetz- und Verordnungsblatt für das Land Hessen S. 130), zuletzt geändert durch § 10 Nr. 4 des Gesetzes über die Verkündung von Rechtsverordnungen, Organisationsanordnungen und Anstaltsordnungen vom 2. November 1971 (Gesetz- und Verordnungsblatt für das Land Hessen I S. 258);

Niedersachsen

46.

das Gesetz zur Änderung und Bereinigung des Bergrechts im Lande Niedersachsen vom 10. März 1978 (Niedersächsisches Gesetz- und Verordnungsblatt S. 253);

47.

das Allgemeine Berggesetz für das Land Niedersachsen in der Fassung der Anlage zu Artikel I des Gesetzes zur Änderung und Bereinigung des Bergrechts im Lande Niedersachsen vom 10. März 1978 (Niedersächsisches Gesetz- und Verordnungsblatt S. 253);

48.

die Verordnung betreffend die Einführung des Allgemeinen Berggesetzes vom 24. Juni 1865 in das Gebiet des vormaligen Königreichs Hannover vom 8. Mai 1867 (Niedersächsisches Gesetz- und Verordnungsblatt, Sammelband III S. 307), zuletzt geändert durch Artikel IV des Gesetzes zur Änderung und Bereinigung des Bergrechts im Lande Niedersachsen vom 10. März 1978 (Niedersächsisches Gesetz- und Verordnungsblatt S. 253);

49.

die Verordnung betreffend die Einführung des Allgemeinen Berggesetzes vom 24. Juni 1865 in das mit der Preußischen Monarchie vereinigte Gebiet des vormaligen Kurfürstentums Hessen und der vormaligen freien Stadt Frankfurt, sowie der vormals Königlich Bayerischen Landestheile vom 1. Juni 1867 (Niedersächsisches Gesetz- und Verordnungsblatt, Sammelband III S. 308);

50.

das Gesetz über die Bestellung von Salzabbaugerechtigkeiten in der Provinz Hannover vom 4. August 1904 (Niedersächsisches Gesetz- und Verordnungsblatt, Sammelband III S. 359);

51.

das Gesetz betreffend die Abänderung des Allgemeinen Berggesetzes vom 24. Juni 1865 vom 18. Juni 1907 (Niedersächsisches Gesetz- und Verordnungsblatt, Sammelband III S. 308);

52.

das Gesetz über den Bergwerksbetrieb ausländischer juristischer Personen und den Geschäftsbetrieb außerpreußischer Gewerkschaften vom 23. Juni 1909 (Niedersächsisches Gesetz- und Verordnungsblatt, Sammelband III S. 309);

53.

das Gesetz über die Verleihung von Braunkohlenfeldern an den Staat vom 3. Januar 1924 (Niedersächsisches Gesetz- und Verordnungsblatt, Sammelband II S. 701);

54.

das Phosphoritgesetz vom 16. Oktober 1934 (Niedersächsisches Gesetz- und Verordnungsblatt, Sammelband II S. 702), zuletzt geändert durch Artikel 56 des Gesetzes zur Anpassung des Landesrechts an das Erste Gesetz zur Reform des Strafrechts, an das Gesetz über Ordnungswidrigkeiten und an das Einführungsgesetz zum Gesetz über Ordnungswidrigkeiten (Erstes Anpassungsgesetz) vom 24. Juni 1970 (Niedersächsisches Gesetz- und Verordnungsblatt S. 237);

55.

die Verordnung über die Berechtigung zur Aufsuchung und Gewinnung von Erdöl und anderen Bodenschätzen (Erdölverordnung) vom 13. Dezember 1934 (Niedersächsisches Gesetz- und Verordnungsblatt, Sammelband II S. 709);

56.

die Verordnung über die polizeiliche Beaufsichtigung der bergbaulichen Nebengewinnungs- und Weiterverarbeitungsanlagen durch die Bergbehörden vom 22. Januar 1938 (Niedersächsisches Gesetz- und Verordnungsblatt, Sammelband II S. 703), zuletzt geändert durch Artikel III des Gesetzes zur Änderung und Bereinigung des Bergrechts im Lande Niedersachsen vom 10. März 1978 (Niedersächsisches Gesetz- und Verordnungsblatt S. 253);

57.

die Verordnung über Salze und Solquellen im Landkreis Holzminden (Regierungsbezirk Hildesheim) vom 4. Januar 1943 (Niedersächsisches Gesetz- und Verordnungsblatt, Sammelband II S. 710);

Nordrhein-Westfalen

58.

das Allgemeine Berggesetz vom 24. Juni 1865 (Sammlung des in Nordrhein-Westfalen geltenden preußischen Rechts S. 164), zuletzt geändert durch Artikel XXXIII des Zweiten Gesetzes zur Anpassung landesrechtlicher Straf- und Bußgeldvorschriften an das Bundesrecht vom 3. Dezember 1974 (Gesetz- und Verordnungsblatt für das Land Nordrhein-Westfalen S. 1504);

59.

das Gesetz betreffend die Abänderung des Allgemeinen Berggesetzes vom 24. Juni 1865 vom 18. Juni 1907 (Sammlung des in Nordrhein-Westfalen geltenden preußischen Rechts S. 185);

60.

das Gesetz über den Bergwerksbetrieb ausländischer juristischer Personen und den Geschäftsbetrieb außerpreußischer Gewerkschaften vom 23. Juni 1909 (Sammlung des in Nordrhein-Westfalen geltenden preußischen Rechts S. 185);

61.

das Gesetz über die Beaufsichtigung von unterirdischen Mineralgewinnungsbetrieben und Tiefbohrungen vom 18. Dezember 1933 (Sammlung des in Nordrhein-Westfalen geltenden preußischen Rechts S. 189), zuletzt geändert durch das Gesetz zur Änderung des Gesetzes über die Beaufsichtigung von unterirdischen Mineralgewinnungsbetrieben und Tiefbohrungen vom 15. Oktober 1974 (Gesetz- und Verordnungsblatt für das Land Nordrhein-Westfalen S. 1048);

62.

das Gesetz zur Erschließung von Erdöl und anderen Bodenschätzen (Erdölgesetz) vom 12. Mai 1934 (Sammlung des in Nordrhein-Westfalen geltenden preußischen Rechts S. 189), zuletzt geändert durch Artikel III des Vierten Gesetzes zur Änderung berggesetzlicher Vorschriften im Lande Nordrhein-Westfalen vom 11. Juni 1968 (Gesetz- und Verordnungsblatt für das Land Nordrhein-Westfalen S. 201);

63.

das Phosphoritgesetz vom 16. Oktober 1934 (Sammlung des in Nordrhein-Westfalen geltenden preußischen Rechts S. 190), zuletzt geändert durch Artikel II des Vierten Gesetzes zur Änderung berggesetzlicher Vorschriften im Lande Nordrhein-Westfalen vom 11. Juni 1968 (Gesetz- und Verordnungsblatt für das Land Nordrhein-Westfalen S. 201);

64.

die Verordnung über die Berechtigung zur Aufsuchung und Gewinnung von Erdöl und anderen Bodenschätzen (Erdölverordnung) vom 13. Dezember 1934 (Sammlung des in Nordrhein-Westfalen geltenden preußischen Rechts S. 191);

65.

die Verordnung über die bergaufsichtliche Überwachung der bergbaulichen Nebengewinnungs- und Weiterverarbeitungsanlagen durch die Bergbehörden vom 22. Januar 1938 (Sammlung des in Nordrhein-Westfalen geltenden preußischen Rechts S. 192), zuletzt geändert durch die Dritte Verordnung zur Änderung der Verordnung über die bergaufsichtliche Überwachung der bergbaulichen Nebengewinnungs- und Weiterverarbeitungsanlagen durch die Bergbehörden vom 7. September 1977 (Gesetz- und Verordnungsblatt für das Land Nordrhein-Westfalen S. 346);

66.
das Zweite Gesetz zur Änderung berggesetzlicher Vorschriften im Lande Nordrhein-Westfalen vom 25. Mai 1954 (Sammlung des bereinigten Landesrechts Nordrhein-Westfalen S. 694);

67.
die Verordnung über die Beaufsichtigung von Tiefbohrungen durch die Bergbehörden vom 1. April 1958 (Gesetz- und Verordnungsblatt für das Land Nordrhein-Westfalen S. 135);

Rheinland-Pfalz

68.
das Allgemeine Berggesetz für das Land Rheinland-Pfalz (ABGRhPf) in der Fassung der Bekanntmachung vom 12. Februar 1974 (Gesetz- und Verordnungsblatt für das Land Rheinland-Pfalz S. 113), geändert durch Artikel 41 des Dritten Landesgesetzes zur Änderung strafrechtlicher Vorschriften (3. LStrafÄndG) vom 5. November 1974 (Gesetz- und Verordnungsblatt für das Land Rheinland-Pfalz S. 469);

69.
das Gesetz über die Bestrafung unbefugter Gewinnung oder Aneignung von Mineralien vom 26. März 1856 in der Fassung der Bekanntmachung vom 27. November 1968 (Gesetz- und Verordnungsblatt für das Land Rheinland-Pfalz 1968, Sondernummer Koblenz, Trier, Montabaur S. 78), zuletzt geändert durch Artikel 67 des Dritten Landesgesetzes zur Änderung strafrechtlicher Vorschriften vom 5. November 1974 (Gesetz- und Verordnungsblatt für das Land Rheinland-Pfalz S. 469);

70.
die Verordnung, betreffend die Einführung des Allgemeinen Berggesetzes vom 24. Juni 1865 in das Gebiet des vormaligen Herzogtums Nassau (für den Regierungsbezirk Montabaur) vom 22. Februar 1867 in der Fassung der Bekanntmachung vom 27. November 1968 (Gesetz- und Verordnungsblatt für das Land Rheinland-Pfalz 1968, Sondernummer Koblenz, Trier, Montabaur S. 113);

71.
die Verordnung, betreffend die Einführung des Allgemeinen Berggesetzes vom 24. Juni 1865 in die mit der Preußischen Monarchie vereinigten Landesteile der Großherzoglich Hessischen Provinz Oberhessen sowie in das Gebiet der vormaligen Landgrafschaft Hessen-Homburg, einschließlich des Oberamtsbezirks Meisenheim vom 22. Februar 1867 in der Fassung der Bekanntmachung vom 27. November 1968 (Gesetz- und Verordnungsblatt für das Land Rheinland-Pfalz 1968, Sondernummer Koblenz, Trier, Montabaur S. 113);

72.

das Gesetz, betreffend die Abänderung des Berggesetzes vom 24. Juni 1865 (für die Regierungsbezirke Koblenz, Trier und Montabaur) vom 18. Juni 1907 in der Fassung der Bekanntmachung vom 27. November 1968 (Gesetz- und Verordnungsblatt für das Land Rheinland-Pfalz 1968, Sondernummer Koblenz, Trier, Montabaur S. 114);

73.

das Gesetz über den Bergwerksbetrieb ausländischer juristischer Personen und den Geschäftsbetrieb außerpreußischer Gewerkschaften (für die Regierungsbezirke Koblenz, Trier und Montabaur) vom 23. Juni 1909 in der Fassung der Bekanntmachung vom 27. November 1968 (Gesetz- und Verordnungsblatt für das Land Rheinland-Pfalz 1968, Sondernummer Koblenz, Trier, Montabaur S. 114);

74.

das Gesetz über die Beaufsichtigung von unterirdischen Mineralgewinnungsbetrieben und Tiefbohrungen vom 18. Dezember 1933 in der Fassung der Bekanntmachung vom 27. November 1968 (Gesetz- und Verordnungsblatt für das Land Rheinland-Pfalz 1968, Sondernummer Koblenz, Trier, Montabaur S. 118), zuletzt geändert durch Artikel 2 des Landesgesetzes über das Bergrecht im Lande Rheinland-Pfalz vom 3. Januar 1974 (Gesetz- und Verordnungsblatt für das Land Rheinland-Pfalz S. 1);

75.

das Gesetz zur Erschließung von Erdöl und anderen Bodenschätzen - Erdölgesetz - vom 12. Mai 1934 in der Fassung der Bekanntmachung vom 27. November 1968 (Gesetz- und Verordnungsblatt für das Land Rheinland-Pfalz 1968, Sondernummer Koblenz, Trier, Montabaur S. 119), zuletzt geändert durch Artikel 3 des Landesgesetzes über das Bergrecht im Lande Rheinland-Pfalz vom 3. Januar 1974 (Gesetz- und Verordnungsblatt für das Land Rheinland-Pfalz S. 1);

76.

die Verordnung über die Berechtigung zur Aufsuchung und Gewinnung von Erdöl und anderen Bodenschätzen - Erdölverordnung - vom 13. Dezember 1934 in der Fassung der Bekanntmachung vom 27. November 1968 (Gesetz- und Verordnungsblatt für das Land Rheinland-Pfalz 1968, Sondernummer Koblenz, Trier, Montabaur S. 120), zuletzt geändert durch Artikel 5 des Landesgesetzes über das Bergrecht im Lande Rheinland-Pfalz vom 3. Januar 1974 (Gesetz- und Verordnungsblatt für das Land Rheinland-Pfalz S. 1);

77.

das Phosphoritgesetz vom 16. Oktober 1934 in der Fassung der Bekanntmachung vom 27. November 1968 (Gesetz- und Verordnungsblatt für das Land Rheinland-Pfalz 1968, Sondernummer Koblenz, Trier, Montabaur S. 121), zuletzt geändert durch Artikel 4 des Landesgesetzes über das Bergrecht im Lande Rheinland-Pfalz vom 3. Januar 1974 (Gesetz- und Verordnungsblatt für das Land Rheinland-Pfalz S. 1);

78.

die Verordnung über die polizeiliche Beaufsichtigung der bergbaulichen Nebengewinnungs- und Weiterverarbeitungsanlagen durch die Bergbehörden vom 22. Januar 1938 in der Fassung der Bekanntmachung vom 27. November 1968 (Gesetz- und Verordnungsblatt für das Land Rheinland-Pfalz 1968, Sondernummer Koblenz, Trier, Montabaur S. 122), zuletzt geändert durch Artikel 5 des Landesgesetzes über das Bergrecht im Lande Rheinland-Pfalz vom 3. Januar 1974 (Gesetz- und Verordnungsblatt für das Land Rheinland-Pfalz S. 1);

79.

die Landesverordnung über die Beaufsichtigung von Tiefbohrungen durch die Bergbehörden vom 29. Juli 1976 (Gesetz- und Verordnungsblatt für das Land Rheinland-Pfalz S. 215);

Saarland

80.

das Allgemeine Berggesetz für die Preußischen Staaten vom 24. Juni 1865 (Gesetz-Sammlung für die Königlichen Preußischen Staaten S. 705), zuletzt geändert durch Artikel 36 des Zweiten Gesetzes zur Änderung und Bereinigung von Straf- und Bußgeldvorschriften des Saarlandes vom 13. November 1974 (Amtsblatt des Saarlandes S. 1011);

81.

das Gesetz über die Bestrafung unbefugter Gewinnung oder Aneignung von Mineralien vom 26. März 1856 (Gesetz-Sammlung für die Königlichen Preußischen Staaten S. 203), zuletzt geändert durch Artikel 37 des Zweiten Gesetzes zur Änderung und Bereinigung von Straf- und Bußgeldvorschriften des Saarlandes vom 13. November 1974 (Amtsblatt des Saarlandes S. 1011);

82.

das Gesetz betreffend die Abänderung des Allgemeinen Berggesetzes vom 24. Juni 1865 vom 18. Juni 1907 (Preußische Gesetzsammlung S. 119), geändert durch § 8 Nr. 2 des Gesetzes zur Überführung der privaten Bergregale und Regalitätsrechte an den Staat vom 29. Dezember 1942 (Preußische Gesetzsammlung 1943 S. 1);

83.

das Gesetz über den Bergwerksbetrieb ausländischer juristischer Personen und den Geschäftsbetrieb außerpreußischer Gewerkschaften vom 23. Juni 1909 (Preußische Gesetzsammlung S. 619);

84.

das Gesetz über die Beaufsichtigung von unterirdischen Mineralgewinnungsbetrieben und Tiefbohrungen vom 18. Dezember 1933 (Preußische Gesetzsammlung S. 493), zuletzt geändert durch Artikel 39 des Gesetzes Nr. 907 zur Änderung und Bereinigung von Straf- und Bußgeldvorschriften sowie zur Anpassung des Rechts des Saarlandes an das Erste Gesetz zur Reform des Strafrechts vom 13. März 1970 (Amtsblatt des Saarlandes S. 267);

85.

das Gesetz zur Erschließung von Erdöl und anderen Bodenschätzen

(Erdölgesetz) vom 12. Mai 1934 (Preußische Gesetzsammlung S. 257), zuletzt geändert durch § 15 des Gesetzes zur Änderung berggesetzlicher Vorschriften vom 24. September 1937 (Preußische Gesetzsammlung S. 93);

86.

das Phosphoritgesetz vom 16. Oktober 1934 (Preußische Gesetzsammlung S. 404), zuletzt geändert durch § 16 des Gesetzes zur Änderung berggesetzlicher Vorschriften vom 24. September 1937 (Preußische Gesetzsammlung S. 93);

87.

die Verordnung über die Berechtigung zur Aufsuchung und Gewinnung von Erdöl und anderen Bodenschätzen (Erdölverordnung) vom 13. Dezember 1934 (Preußische Gesetzsammlung S. 463), zuletzt geändert durch § 17 des Gesetzes zur Änderung berggesetzlicher Vorschriften vom 24. September 1937 (Preußische Gesetzsammlung S. 93);

88.

das Gesetz zur Änderung berggesetzlicher Vorschriften vom 24. September 1937 (Preußische Gesetzsammlung S. 93);

89.

die Verordnung über die polizeiliche Beaufsichtigung der bergbaulichen Nebengewinnungs- und Weiterverarbeitungsanlagen durch die Bergbehörden vom 22. Januar 1938 (Preußische Gesetzsammlung S. 19), geändert durch Verordnung vom 29. April 1980 (Amtsblatt des Saarlandes S. 549);

90.

das Gesetz über die Berechtigung zur Aufsuchung und Gewinnung von Eisen- und Manganerzen vom 10. Juli 1953 (Amtsblatt des Saarlandes S. 533), zuletzt geändert durch das Gesetz zur Änderung des Gesetzes über die Berechtigung zur Aufsuchung und Gewinnung von Eisen- und Manganerzen vom 11. Dezember 1956 (Amtsblatt des Saarlandes S. 1657);

Schleswig-Holstein

91.

das Allgemeine Berggesetz für die Preußischen Staaten vom 24. Juni 1865 (Sammlung des schleswig-holsteinischen Landesrechts 1971, Gl.-Nr. 750-1), zuletzt geändert durch Artikel 45 des Gesetzes zur Anpassung des schleswig-holsteinischen Landesrechts an das Zweite Gesetz zur Reform des Strafrechts und andere straf- und bußgeldrechtliche Vorschriften des Bundes vom 9. Dezember 1974 (Gesetz- und Verordnungsblatt für Schleswig-Holstein S. 453);

92.

das Gesetz über die Einführung des Allgemeinen Berggesetzes für die Preußischen Staaten vom 24. Juni 1865 in das Gebiet des Herzogtums Lauenburg vom 6. Mai 1868 (Sammlung des schleswig-holsteinischen Landesrechts 1971, Gl.-Nr. 750-2);

93.

das Gesetz über die Einführung des Allgemeinen Berggesetzes vom 24. Juni 1865 in das Gebiet der Herzogtümer Schleswig und Holstein vom 12. März

1869 (Sammlung des schleswig-holsteinischen Landesrechts 1971, Gl.-Nr. 750-3);

94.

das Gesetz über die Abänderung des Allgemeinen Berggesetzes vom 24. Juni 1865 vom 18. Juni 1907 (Sammlung des schleswig-holsteinischen Landesrechts 1971, Gl.-Nr. 750-4);

95.

das Gesetz über die Beaufsichtigung von unterirdischen Mineralgewinnungsbetrieben, Tiefspeichern und Tiefbohrungen vom 18. Dezember 1933 (Sammlung des schleswig-holsteinischen Landesrechts 1971, Gl.-Nr. 750-5), zuletzt geändert durch Artikel 46 des Gesetzes zur Anpassung des schleswig-holsteinischen Landesrechts an das Zweite Gesetz zur Reform des Strafrechts und andere straf- und bußgeldrechtliche Vorschriften des Bundes vom 9. Dezember 1974 (Gesetz- und Verordnungsblatt für Schleswig-Holstein S. 453);

96.

das Gesetz zur Erschließung von Erdöl und anderen Bodenschätzen (Erdölgesetz) vom 12. Mai 1934 (Sammlung des schleswig-holsteinischen Landesrechts 1971, Gl.-Nr. 750-6);

97.

das Phosphoritgesetz vom 16. Oktober 1934 (Sammlung des schleswig-holsteinischen Landesrechts 1971, Gl.-Nr. 750-7);

98.

die Verordnung über die Berechtigung zur Aufsuchung und Gewinnung von Erdöl und anderen Bodenschätzen (Erdölverordnung) vom 13. Dezember 1934; (Sammlung des schleswig-holsteinischen Landesrechts 1971, Gl.-Nr. 750-7-1);

99.

die Verordnung über die polizeiliche Beaufsichtigung der bergbaulichen Nebengewinnungs- und Weiterverarbeitungsanlagen durch die Bergbehörden vom 22. Januar 1938 (Sammlung des schleswig-holsteinischen Landesrechts 1971, Gl.-Nr. 750-1-1).

(2) Die Vorschriften des Landesrechts über die grundbuchmäßige Behandlung von Bergbauberechtigungen, einschließlich der Vorschriften über die Einrichtung und Führung der Berggrundbücher, bleiben unberührt, soweit sie nicht in den in Absatz 1 aufgeführten Gesetzen und Verordnungen enthalten sind. Die Länder können in dem in Satz 1 genannten Bereich auch neue Vorschriften erlassen und die bestehenden Vorschriften des Landesrechts aufheben oder ändern.

(3) Verordnungen (Berg(polizei)verordnungen), die vor dem Inkrafttreten dieses Gesetzes ganz oder teilweise auf Grund der durch Absatz 1 aufgehobenen Vorschriften erlassen worden sind, und die zugehörigen gesetzlichen Bußgeldvorschriften, gelten bis zu ihrer Aufhebung fort, soweit nicht deren Gegenstände in diesem Gesetz geregelt sind oder soweit sie nicht mit den Vorschriften dieses Gesetzes in Widerspruch stehen. Die Landesregierungen oder die von ihnen nach § 68 Abs. 1 bestimmten Stellen werden ermächtigt, die jeweils

in ihrem Land geltenden, nach Satz 1 aufrechterhaltenen Vorschriften durch Rechtsverordnung aufzuheben, soweit von ihnen über die darin geregelten Gegenstände Bergverordnungen auf Grund des § 68 Abs. 1 erlassen werden. Das Bundesministerium für Wirtschaft und Energie wird ermächtigt, die nach Satz 1 aufrechterhaltenen Vorschriften durch Rechtsverordnung mit Zustimmung des Bundesrates aufzuheben, soweit über die darin geregelten Gegenstände Bergverordnungen auf Grund des § 68 Abs. 2 erlassen werden.
(4) *Soweit in Gesetzen und Verordnungen des Bundes auf die nach Absatz 1 oder § 175 außer Kraft getretenen Vorschriften verwiesen wird, treten an ihre Stelle die entsprechenden Vorschriften dieses Gesetzes.*

-

§ 177 Berlin-Klausel

Dieses Gesetz gilt nach Maßgabe des § 13 Abs. 1 des Dritten Überleitungsgesetzes auch im Land Berlin. Rechtsverordnungen, die auf Grund dieses Gesetzes erlassen werden, gelten im Land Berlin nach § 14 des Dritten Überleitungsgesetzes.

-

§ 178 Inkrafttreten

Dieses Gesetz tritt am 1. Januar 1982 in Kraft. Abweichend hiervon treten die §§ 32, 65 bis 68, 122 Abs. 4, §§ 123, 125 Abs. 4, § 129 Abs. 2, § 131 Abs. 2, §§ 141 und 176 Abs. 3 Satz 2 und 3 am Tage nach der Verkündung des Gesetzes in Kraft.

-

Anhang EV Auszug aus EinigVtr Anlage I Kapitel V Sachgebiet D Abschnitt III
(BGBl. II 1990, 889, 1003)
- Maßgaben für das beigetretene Gebiet (Art. 3 EinigVtr) -

Abschnitt III
Bundesrecht tritt in dem in Artikel 3 des Vertrages genannten Gebiet mit folgenden Maßgaben in Kraft:
Bundesberggesetz vom 13. August 1980 (BGBl. I S. 1310), zuletzt geändert durch Gesetz vom 12. Februar 1990 (BGBl. I S. 215),
mit folgenden Maßgaben:

  a)
    (weggefallen)
  b)
    Untersuchungs-, Gewinnungs- und Speicherrechte des Staates im Sinne des § 5 Abs. 2 bis 4 des Berggesetzes der Deutschen Demokratischen Republik, die Dritten zur Ausübung übertragen worden sind (alte Rechte), werden nach Maßgabe der Buchstaben c) bis g)

aufrechterhalten. Soweit sich daraus nichts anderes ergibt, erlischt das Untersuchungs-, Gewinnungs- und Speicherrecht des Staates im Sinne des § 5 des Berggesetzes der Deutschen Demokratischen Republik.

c)

Untersuchungsrechte erlöschen zwölf Monate nach dem Tage des Wirksamwerdens des Beitritts. § 14 Abs. 1 ist für die Erteilung einer Erlaubnis und insoweit mit der Maßgabe entsprechend anzuwenden, daß an die Stelle des Inhabers einer Erlaubnis der durch ein Lagerstätteninteressengebiet Begünstigte tritt, das auf der Grundlage der Lagerstättenwirtschaftsanordnung vom 15. März 1971 (GBl. II Nr. 34 S. 279) festgelegt worden ist.

d)

(1) bis (3) (weggefallen)

(4) Ein bestätigtes Gewinnungsrecht gilt für die Bodenschätze, die Zeit und den Bereich, für die es bestätigt wird,

1.

in den Fällen des Absatzes 2 Nr. 1.1. und 1.2. erster und dritter Anstrich als Bewilligung im Sinne des § 8,

2.

im Falle des Absatzes 2 Nr. 1.2. zweiter Anstrich als Bergwerkseigentum im Sinne des § 151.

(5) Die §§ 75 und 76 gelten für bestätigte alte Rechte sinngemäß.

(6) Nicht oder nicht fristgemäß angemeldete Rechte erlöschen mit Fristablauf. Rechte, denen die Bestätigung versagt wird, erlöschen mit dem Eintritt der Unanfechtbarkeit der Versagung.

(7) Bergrechtliche Pflichten aus einem bis zum Tage des Wirksamwerdens des Beitritts ausgeübten Gewinnungsrecht bleiben von einer das bisherige Gewinnungsrecht nicht voll umfassenden Bestätigung unberührt. Ist die Rechtsnachfolge in bergrechtlichen Pflichten strittig, stellt die für die Bestätigung zuständige Behörde die Verantwortung fest. Die Rechtsnachfolger sind verpflichtet, die dazu erforderlichen Auskünfte zu erteilen.

e)

Für Gewinnungsrechte an anderen mineralischen Rohstoffen gilt Buchstabe d) entsprechend

mit folgenden Maßgaben:

aa) und bb)

(weggefallen)

cc)

Die Übertragung der Bewilligung (§ 22) bedarf der Zustimmung des Grundeigentümers. Eine Verleihung von Bergwerkseigentum ist ausgeschlossen. § 31 findet keine Anwendung.

f)

Auf Untersuchungen des Untergrundes und auf Untergrundspeicher findet § 126 mit der Maßgabe Anwendung, daß auch die Vorschriften der §§ 107 bis 125 entsprechende Anwendung finden.

g)

§ 153 Satz 2 und 3 und die §§ 159 und 160 finden auf bestätigte alte Rechte entsprechende Anwendung.

h)

Die §§ 50 bis 62 und 169 sind mit folgender Maßgabe anzuwenden:

aa)

Technische Betriebspläne, die am Tage des Wirksamwerdens des Beitritts nach dem Berggesetz der Deutschen Demokratischen Republik und den auf Grund dieses Gesetzes erlassenen Vorschriften genehmigt sind, gelten, soweit im folgenden nichts anderes bestimmt ist, für die Dauer ihrer Laufzeit, höchstens jedoch bis zum 31. Dezember 1991 als im Sinne der §§ 50 bis 56 zugelassen. Technische Betriebspläne mit einer Laufzeit bis längstens zum 31. Dezember 1990 können bei Fortführung des Vorhabens ohne wesentliche Veränderung nach Maßgabe des bis zum Tage des Wirksamwerdens des Beitritts geltenden Rechts bis längstens 31. Dezember 1991 verlängert werden. Technische Betriebspläne für die am Tage des Wirksamwerdens des Beitritts laufende oder künftige Einstellung eines Betriebes, die vor dem 1. Oktober 1990 genehmigt worden sind, sind innerhalb einer Frist von vier Monaten nach dem Tage des Wirksamwerdens des Beitritts der zuständigen Behörde zur Zulassung als Abschlußbetriebsplan einzureichen; § 169 Abs. 1 Nr. 2 Satz 2 gilt entsprechend. Für Tätigkeiten und Einrichtungen im Sinne der §§ 2, 126 bis 129 und 131, die erst mit dem Wirksamwerden des Beitritts der Betriebsplanpflicht unterliegen, gilt § 169 Abs. 1 und 2 entsprechend. § 169 Abs. 2 Satz 2 findet keine Anwendung. In allen Fällen ist der Nachweis der Berechtigung im Sinne des § 55 Abs. 1 Satz 1 Nr. 1 unverzüglich nach der Entscheidung über die Bestätigung, bei Erlaubnissen innerhalb von zwölf Monaten nach dem Tage des Wirksamwerdens des Beitritts zu führen.

bb)

§ 52 Abs. 2a gilt nicht für Vorhaben, bei denen das Verfahren zur Zulassung des Betriebes, insbesondere zur Genehmigung eines technischen Betriebsplanes, am Tage des Wirksamwerdens des Beitritts bereits begonnen war.

cc)

(weggefallen)

i)

Festgesetzte Bergbauschutzgebiete im Sinne des § 11 des Berggesetzes der Deutschen Demokratischen Republik, bei denen nach Feststellung der für die Zulassung von Betriebsplänen zuständigen Behörde innerhalb der nächsten fünfzehn Jahre eine bergbauliche Inanspruchnahme von Grundstücken zu erwarten ist, gelten für den

Bereich des Feldes, für das das Gewinnungsrecht bestätigt worden ist, als Baubeschränkungsgebiete nach §§ 107 bis 109 mit der Maßgabe, daß § 107 Abs. 4 unabhängig von den Voraussetzungen für die Festsetzung der Bergbauschutzgebiete gilt, aber erstmalig ab 1. Januar 1995 anzuwenden ist, es sei denn, daß der durch die Baubeschränkung begünstigte Unternehmer eine frühere Aufhebung beantragt. Im übrigen gelten Bergbauschutzgebiete mit dem Tage des Wirksamwerdens des Beitritts als aufgehoben. Das Register der nach Satz 1 als Baubeschränkungsgebiete geltenden Bergbauschutzgebiete gilt als archivmäßige Sicherung nach § 107 Abs. 2.

k)

§ 112 findet mit der Maßgabe Anwendung, daß als Verstoß auch die Unterlassung oder die nicht ordnungsgemäße Durchführung von Maßnahmen im Sinne der §§ 110 oder 111 gilt, sofern diese vor dem Tage des Wirksamwerdens des Beitritts in bergbaulichen Stellungnahmen gefordert wurde, zu deren Einholung der Bauherr nach dem Berggesetz der Deutschen Demokratischen Republik und den dazu erlassenen Rechtsvorschriften verpflichtet war. Die §§ 114 bis 124 gelten mit der Maßgabe, daß die Haftung nach diesen Vorschriften nur für die Schäden gilt, die ausschließlich ab dem Tage des Wirksamwerdens des Beitritts verursacht werden. Im übrigen sind die für derartige Schäden vor dem Tage des Beitritts geltenden Vorschriften der Deutschen Demokratischen Republik anzuwenden. An die Stelle der in § 124 Abs. 2 enthaltenen planungsrechtlichen Verfahrensabschnitte treten die entsprechenden Verfahrensabschnitte nach dem fortgeltenden Recht der Deutschen Demokratischen Republik, soweit nicht Recht des Gebiets, in dem das Bundesberggesetz schon vor dem Beitritt gegolten hat, auf das in Artikel 3 des Vertrages genannte Gebiet übergeleitet wird.

l)

Soweit im übrigen auf Rechtsvorschriften verwiesen wird, die nicht auf das in Artikel 3 des Vertrages genannte Gebiet übergeleitet werden, treten an deren Stelle die entsprechenden Vorschriften des fortgeltenden Rechts der Deutschen Demokratischen Republik.

m)

Der Bundesminister für Wirtschaft wird ermächtigt, durch Rechtsverordnung mit Zustimmung des Bundesrates Vorschriften zu erlassen über

aa)

eine andere Zuordnung der in Buchstabe a) erfaßten mineralischen Rohstoffe, soweit dies die im Verhältnis zu § 3 Abs. 3 und 4 geltenden anderen oder unbestimmten Kriterien erfordern,

bb)

eine Verlängerung der in diesem Gesetz geforderten Fristen um höchstens sechs Monate, soweit das mit Rücksicht auf die erforderliche Anpassung geboten ist,

cc)

nähere Einzelheiten zur Aufrechterhaltung und Bestätigung alter Rechte im Sinne des Buchstaben b) sowie für die nach Buchstabe i) als Baubeschränkungsgebiete geltenden Bergbauschutzgebiete und zu deren Aufhebung.

Verordnung über die Umweltverträglichkeitsprüfung bergbaulicher Vorhaben (UVP-V Bergbau)

-

UVP-V Bergbau

Ausfertigungsdatum: 13.07.1990

"Verordnung über die Umweltverträglichkeitsprüfung bergbaulicher Vorhaben vom 13. Juli 1990 (BGBl. I S. 1420), die zuletzt durch Artikel 8 der Verordnung vom 3. September 2010 (BGBl. I S. 1261) geändert worden ist". Zuletzt geändert durch Art. 8 V v. 3.9.2010 I 1261

Fußnote

(+++ Textnachweis ab: 1.8.1990 +++)
(+++ Amtliche Hinweise des Normgebers auf EG-Recht:
    Umsetzung der
      EGRL 63/95 (CELEX Nr: 395L0063)
      EGRL 11/97 (CELEX Nr: 397L0011) vgl. V v. 10.8.1998 I 2093
    Umsetzung der
      EGRL 21/2006 (CELEX Nr: 306L0021) vgl. V v. 24.1.2008 I 85 +++)

-

Eingangsformel

Auf Grund des § 57c des Bundesberggesetzes vom 13. August 1980 (BGBl. I S. 1310), der durch Artikel 1 des Gesetzes vom 12. Februar 1990 (BGBl. I S. 215) eingefügt worden ist, verordnet der Bundesminister für Wirtschaft im Einvernehmen mit dem Bundesminister für Umwelt, Naturschutz und Reaktorsicherheit:

-

§ 1 Vorhaben

Der Umweltverträglichkeitsprüfung bedürfen die nachfolgend aufgeführten betriebsplanpflichtigen Vorhaben:

1.

Gewinnung von Steinkohle, Braunkohle, bituminösen Gesteinen, Erzen und sonstigen nichtenergetischen Bodenschätzen:

a)

im Tiefbau mit

aa)

Flächenbedarf der übertägigen Betriebsanlagen und Betriebseinrichtungen, wie Schacht- und Stollenanlagen, Werkstätten, Verwaltungsgebäude, Halden (Lagerung oder Ablagerung von Bodenschätzen, Nebengestein oder sonstigen Massen), Einrichtungen zur Aufbereitung und Verladung, von 10 ha oder mehr

oder unter Berücksichtigung der Auswirkungen vorangegangener betriebsplanpflichtiger, nach dem 1. August 1990 begonnener oder zu diesem Zeitpunkt laufender und nicht bereits planfestgestellter Vorhaben mit

bb)

Senkungen der Oberfläche von 3 m oder mehr oder

cc)

Senkungen der Oberfläche von 1 m bis weniger als 3 m, wenn erhebliche Beeinträchtigungen im Hinblick auf Vorflut, Grundwasser, Böden, geschützte Kulturgüter oder vergleichbare Schutzgüter zu erwarten sind;

b)

im Tagebau mit

aa)

Größe der beanspruchten Abbaufläche von 25 ha oder mehr oder in ausgewiesenen Naturschutzgebieten oder gemäß den Richtlinien 79/409/EWG oder 92/43/EWG ausgewiesenen besonderen Schutzgebieten oder

bb)

Notwendigkeit einer nicht lediglich unbedeutenden und nicht nur vorübergehenden Herstellung, Beseitigung oder wesentlichen Umgestaltung eines Gewässers oder seiner Ufer oder

cc)

Notwendigkeit einer großräumigen Grundwasserabsenkung mit Grundwasserentnahme- oder künstlichen Grundwasserauffüllungssystemen mit einem jährlichen Entnahme- oder Auffüllungsvolumen von 5 Mio. Kubikmeter oder mehr oder

dd)

Größe der beanspruchten Abbaufläche von mehr als 10 ha bis weniger als 25 ha auf Grund einer allgemeinen Vorprüfung des Einzelfalls nach § 3c des Gesetzes über die Umweltverträglichkeitsprüfung;

2.

Gewinnung von Erdöl und Erdgas zu gewerblichen Zwecken mit

a)

Fördervolumen von täglich mehr als 500 Tonnen Erdöl oder von täglich mehr als 500 000 Kubikmeter Erdgas oder

b)

Errichtung und Betrieb von Förderplattformen im Bereich der Küstengewässer und des Festlandsockels;

3.

Halden mit einem Flächenbedarf von 10 ha oder mehr;

4.

Schlammlagerplätze und Klärteiche mit einem Flächenbedarf von 5 ha oder mehr;

4a.

Abfallentsorgungseinrichtungen der Kategorie A gemäß Anhang III der Richtlinie 2006/21/EG des Europäischen Parlaments und des Rates vom 15. März 2006 über die Bewirtschaftung von Abfällen aus der mineralgewinnenden Industrie und zur Änderung der Richtlinie 2004/35/EG (ABl. EU Nr. L 102 S. 15);

5.

Bau einer Bahnstrecke für Gruben- oder Grubenanschlussbahnen mit den dazugehörigen Betriebsanlagen auf Grund einer allgemeinen Vorprüfung des Einzelfalls nach § 3c des Gesetzes über die Umweltverträglichkeitsprüfung;

6.

Wassertransportleitungen zum Fortleiten von Wässern aus der Tagebauentwässerung, die den Bereich des Betriebsgeländes überschreiten, mit einer Länge von 25 km oder mehr außerhalb des Betriebsgeländes auf Grund einer allgemeinen Vorprüfung des Einzelfalls nach § 3c des Gesetzes über die Umweltverträglichkeitsprüfung sowie mit einer Länge von 2 km bis weniger als 25 km außerhalb des Betriebsgeländes auf Grund einer standortbezogenen Vorprüfung des Einzelfalls nach § 3c des Gesetzes über die Umweltverträglichkeitsprüfung;

6a.

Untergrundspeicher für
a)
   Erdgas mit einem Fassungsvermögen von
   aa)
      1 Milliarde Kubikmeter oder mehr auf Grund einer allgemeinen
      Vorprüfung des Einzelfalls nach § 3c des Gesetzes über die
      Umweltverträglichkeitsprüfung,
   bb)
      100 Millionen Kubikmeter bis weniger als 1 Milliarde Kubikmeter
      auf Grund einer standortbezogenen Vorprüfung des Einzelfalls
      nach § 3c des Gesetzes über die Umweltverträglichkeitsprüfung,
b)
   Erdöl, petrochemische oder chemische Erzeugnisse mit einem
   Fassungsvermögen von
   aa)
      200 000 Tonnen oder mehr,
   bb)
      50 000 Tonnen bis weniger als 200 000 Tonnen auf Grund einer
      allgemeinen Vorprüfung des Einzelfalls nach § 3c des Gesetzes
      über die Umweltverträglichkeitsprüfung,
   cc)
      10 000 Tonnen bis weniger als 50 000 Tonnen auf Grund einer
      standortbezogenen Vorprüfung des Einzelfalls nach § 3c des
      Gesetzes über die Umweltverträglichkeitsprüfung;
7.
   Errichtung und Betrieb einer Anlage zur Sicherstellung oder Endlagerung
   radioaktiver Stoffe im Sinne des § 126 Abs. 3 des Bundesberggesetzes;
8.
   Tiefbohrungen zur Gewinnung von Erdwärme ab 1 000 m Teufe in
   ausgewiesenen Naturschutzgebieten oder gemäß den Richtlinien
   79/409/EWG oder 92/43/EWG ausgewiesenen besonderen Schutzgebieten;
9.
   sonstige betriebsplanpflichtige Vorhaben einschließlich der zur Durchführung
   bergbaulicher Vorhaben erforderlichen betriebsplanpflichtigen Maßnahmen,
   soweit diese Vorhaben oder Maßnahmen als solche nach Maßgabe der
   Anlage 1 (Liste "UVP-pflichtige Vorhaben") zum Gesetz über die
   Umweltverträglichkeitsprüfung der Umweltverträglichkeitsprüfung bedürfen
   und ihrer Art oder Gruppe nach nicht unter die Nummern 1 bis 8 fallen.
-

§ 2 Angaben

(1) Entscheidungserhebliche Angaben im Sinne des § 57a Abs. 2 Satz 2 des
Bundesberggesetzes sind insbesondere

1.
   eine Beschreibung von Art und Menge der zu erwartenden Emissionen und
   Reststoffe, vor allem der Luftverunreinigungen, der Abfälle und des Anfalls
   von Abwasser, sowie Angaben über alle sonstigen erheblichen Auswirkungen
   des Vorhabens auf Menschen, einschließlich der menschlichen Gesundheit,
   Tiere, Pflanzen und die biologische Vielfalt, Boden, Wasser, Luft, Klima und
   Landschaft, und Kultur- und sonstige Sachgüter, einschließlich der jeweiligen
   Wechselwirkungen
2.
   Angaben über den Bedarf an Grund und Boden während der Errichtung und
   des Betriebes des Vorhabens sowie über andere Kriterien, die für die
   Umweltverträglichkeitsprüfung eines Vorhabens maßgebend sind.
(2) Die Angaben müssen in jedem Fall eine Übersicht über die wichtigsten vom
Unternehmer geprüften Vorhabenalternativen und die Angabe der wesentlichen
Auswahlgründe unter besonderer Berücksichtigung der Umweltauswirkungen
enthalten. Im Falle der Durchführung eines Verfahrens nach § 52 Abs. 2a Satz 2
des Bundesberggesetzes hat die zuständige Behörde vor Abgabe ihrer
Stellungnahme zu den Angaben den Unternehmer und in ihrem Aufgabenbereich
betroffene Behörden anzuhören.
-

§ 3 Grenzüberschreitende Beteiligung

(1) Zuständige Behörden im Sinne des § 57a Abs. 6 Satz 1 des
Bundesberggesetzes sind die von dem anderen Staat benannten Behörden. Diese
Behörden sind zum gleichen Zeitpunkt und im gleichen Umfang über das Vorhaben
zu unterrichten wie die am Planfeststellungsverfahren beteiligten Behörden;
gleichzeitig ist darauf hinzuwirken, dass das Vorhaben in dem anderen Staat auf
geeignete Weise bekannt gemacht wird und dabei angegeben wird, bei welcher
Behörde im Planfeststellungsverfahren von der dort ansässigen betroffenen
Öffentlichkeit Einwendungen erhoben werden können, wobei die zuständige
deutsche Behörde verlangen kann, dass der Unternehmer eine Übersetzung der
Zusammenfassung nach § 57a Abs. 2 Satz 5 des Bundesberggesetzes sowie,
soweit erforderlich, weiterer für die grenzüberschreitende Öffentlichkeitsbeteiligung
bedeutsamer Angaben zur Verfügung stellt. Wenn der andere Staat die
zuständigen Behörden nicht benannt hat, ist die oberste für
Umweltangelegenheiten zuständige Behörde des anderen Staates zu unterrichten.
(2) Aufgrund der Unterrichtung nach § 57a Abs. 6 Satz 1 des Bundesberggesetzes
sind Konsultationen mit den in Absatz 1 genannten Behörden aufzunehmen. Sie
haben unter anderem die potentiellen grenzüberschreitenden Auswirkungen des
Vorhabens und die Maßnahmen, die der Verringerung oder Vermeidung dieser
Auswirkungen dienen sollen, zum Gegenstand. Für die Dauer der
Konsultationsphase wird ein angemessener Zeitrahmen vereinbart.
(3) Die zuständige deutsche Behörde übermittelt den beteiligten Behörden des
anderen Staates die Zulässigkeitsentscheidung für das Vorhaben oder den

ablehnenden Bescheid, jeweils einschließlich der Begründung und einer Rechtsbehelfsbelehrung, wobei sie eine Übersetzung der Zulässigkeitsentscheidung beifügen kann, sofern die Voraussetzungen der Grundsätze von Gegenseitigkeit und Gleichwertigkeit erfüllt sind. Gleichzeitig ist darauf hinzuwirken, dass die übermittelte Entscheidung über die Zulässigkeit oder Ablehnung des Vorhabens der betroffenen Öffentlichkeit in dem anderen Staat auf geeignete Weise bekannt und der Inhalt der Entscheidung mit Begründung und einer Rechtsbehelfsbelehrung zugänglich gemacht wird.

(4) Völkerrechtliche Verpflichtungen von Bund und Ländern bleiben unberührt.

-

§ 4 Übergangsvorschrift

(1) Die am 20. August 2005 bereits begonnenen Verfahren betreffend betriebsplanpflichtige Vorhaben im Sinne des § 1 sind nach den bisher geltenden Vorschriften zu Ende zu führen.

(2) Die am 15. Dezember 2006 bereits begonnenen Verfahren betreffend betriebsplanpflichtige Vorhaben im Sinne des § 1 sind nach den bisher geltenden Vorschriften zu Ende zu führen.

(3) Die am 1. Mai 2008 bereits begonnenen Verfahren betreffend betriebsplanpflichtige Vorhaben im Sinne des § 1 Nr. 4a sind nach den bisher geltenden Vorschriften zu Ende zu führen.

(4) Die am 9. September 2010 bereits begonnenen Verfahren betreffend betriebsplanpflichtige Vorhaben im Sinne des § 1 Nummer 6a sind nach den bisher geltenden Vorschriften zu Ende zu führen.

-

§ 5 Inkrafttreten

Diese Verordnung tritt am 1. August 1990 in Kraft.

-

Schlußformel

Der Bundesrat hat zugestimmt.